I0815305

Las 48 reglas de la disciplina

JOAN GALLARDO

Las 48 reglas de la disciplina

No dejes para mañana la vida que podrías crear hoy

Grijalbo

Papel certificado por el Forest Stewardship Council®

Primera edición: enero de 2025
Segunda reimpresión: julio de 2025

Travessera de Gràcia, 47-49. 08021 Barcelona

Printed in Spain – Impreso en España

ISBN: 978-84-253-6810-3
Depósito legal: B-19.179-2024

Compuesto en M. I. Maquetación, S. L.

Impreso en Black Print CPI Ibérica, S. L.
Sant Andreu de la Barca (Barcelona)

GR68103

Para Christian y Cleo.
Sois todos los motivos de mi vida

Índice

Índice

SEGUNDA PARTE
Cómo ser disciplinado

Prólogo

Tengo el privilegio de contar con Joan como mentor personal desde hace casi dos años. En este tiempo se ha convertido en mi confidente y guía, pero también en un referente magnífico para desarrollar e integrar en mí esas herramientas que, de manera inexorable, conducen al desarrollo de la disciplina como arte. El perfeccionamiento de dichas pautas es similar al trabajo que realizo habitualmente como médico con mis pacientes, a los cuales aconsejo muchas herramientas que deben integrar en su salud (fármacos, nutrición, sueño, deporte, etcétera).

En esta guía, Joan te conduce de forma magistral a entender que la disciplina, al igual que otras virtudes del alma —el amor, la enseñanza, el cuidado de los demás...—, es un arte que se desarrolla, se moldea y se entrena.

La consecuencia final del arte de la disciplina es la paz y la libertad que anhela todo ser humano. La libertad de estudiarte y conocerte; la libertad de cuestionar los paradigmas sociales, familiares y personales; la libertad y la valentía de atravesar tus propias creencias y dejar de procrastinar para entender que el respeto por ti mismo y por los que te rodean requiere orden, honestidad y coraje para ser coherente, para saber cuándo decir «no», pero también para elevar tu vida a través del sacrificio con el fin de obtener un orden mayor.

A lo largo de las siguientes páginas encontrarás reglas no solo para desarrollar la disciplina, sino también para aprender quién eres y actuar de acuerdo con tus emociones. Y es que en una época en la que abusamos de las convenciones, Joan te invita a no autoengañarte, a hacerte responsable de lo que te ocurre, y a no juzgar a los demás y caer en el agotador victimismo.

La disciplina, lejos de ser una herramienta pesada que priva de libertad y felicidad, irá generando poco a poco un espacio emocional coherente contigo y con lo que te rodea que te permitirá vivir de forma armónica. Se trata de que aprendas a ser más disciplinado, ordenado, congruente y equilibrado pero, al mismo tiempo, no sientas la presión del perfeccionismo y sepas disculparte a ti mismo.

Te animo a que leas este libro con la mente abierta, sin prejuicios, con humildad y con confianza en los cambios que completarán tu vida.

Dr. Antonio Hernández

Introducción

Siempre que me dispongo a leer un ensayo pienso lo mismo: «A ver cuánto tarda el autor en ir al grano».

Y no es que no me gusten las introducciones largas, es que me disgustan los rodeos innecesarios. Y lo que no quiero que me hagan como lector, no lo hago yo como escritor.

Así que aquí va la breve introducción a esta obra.

He escrito este libro con dos objetivos: reconciliarte con la disciplina y enseñarte a ser más disciplinado.

Tienes a tu alcance 48 reglas para que las estudies, las comprendas y las pongas en práctica con el fin de que alcances tu máximo potencial y, con él, tu mejor vida posible.

Pero antes de estudiar y poner en práctica las reglas tienes que conocer la respuesta a la gran pregunta: ¿qué es exactamente la disciplina?

Mi mejor definición, la que siempre uso, es esta: la disciplina es hacer lo que es debido cuando es debido y en la forma debida. Te cueste o no, te guste o no, te apetezca o no. Punto.

Con esta explicación, te pregunto: ¿cómo sería tu vida si fueras capaz de obrar así? ¿Te lo puedes imaginar? ¿Qué no intentarías? ¿Qué dificultad no podrías superar? ¿Cómo sería tener ese autocontrol? ¿Cómo te haría sentir?

La respuesta a estas cuestiones está ya en camino. Solo tienes que leer este libro, aplicarlo y pronto lo descubrirás.

Cada regla es autoconclusiva. He abordado la problemática de la indisciplina desde todos los ángulos posibles para ofrecerte una probabilidad de éxito prácticamente segura a poco que des lo mejor de ti.

Verás que las reglas están divididas en dos partes. La primera, más corta, va dedicada a destruir los prejuicios que la mayoría de las personas tienen contra la disciplina. Y en la segunda pongo a tu disposición todas las estrategias, recursos, consejos prácticos y acciones que conozco para ayudarte a ser más disciplinado.

Primero intentaré convencerte de que ser disciplinado es bueno e imprescindible y después te enseñaré a serlo.

No es una promesa pequeña, lo sé, pero es la promesa que me atrevo a hacerte.

Y yo nunca juego con las promesas.

Como hice en mi primer libro, *Nunca renuncies a ser feliz*, iré al grano, seré muy directo y muy claro. Respeto demasiado tu tiempo y tu inteligencia para escribir de otra forma.

Y ahora, adelante. La disciplina te espera.

Buen viaje.

PRIMERA PARTE

MITOS Y PREJUICIOS SOBRE LA DISCIPLINA

REGLA N.º 1

Disciplina es igual a paz de espíritu

«Te falta disciplina» es una de las críticas que más oí en mis primeros veinticinco años de vida: en boca de mi padre, de mi maestra de dibujo, de la mayoría de mis profesores del colegio y del instituto, y de los entrenadores que tuve cuando de chaval jugaba al fútbol. «Tienes talento, pero te falta disciplina; acabarás contando batallitas en un bar de mala muerte sobre el genio que eras», me decían. Me parecían exageraciones, críticas de personas resentidas por su falta de talento. De hecho, yo solía decir que la disciplina era el recurso de la gente sin talento.

En el colegio tenía una manía tremenda a los alumnos que siempre hacían los deberes y entregaban los trabajos a tiempo. ¡No podía concebir que hubiese compañeros que incluso pasaban los apuntes a limpio! Creo que no estudié para un examen hasta que oposité para la Policía Local a los veintiún años. No sabía ni cómo se hacía. Uno de mis mejores amigos en primaria era un empollón, y cuando llegaba la época de los exámenes no podía quedar conmigo porque tenía que estudiar. «No me fastidies, tío, ¿en serio?», le decía. Él me respondía que en estudiar radica la diferencia entre sacar un siete y sacar un nueve o más. Yo a eso le contestaba que prefería sacar un siete sin estudiar que un nueve estudiando. Así era yo; estaba convencido de que era el único que entendía todo ese carnaval al que llamamos «vida».

Con el fútbol pasaba lo mismo. Yo era de los buenos, de los muy buenos, pero tenía una mentalidad lamentable. Por ejemplo, solía llegar tarde a entrenar para así saltarme el calentamiento, correr y hacer ejercicios de preparación física. O fingía alguna molestia que desaparecía en cuanto pasábamos a los ejercicios con el balón. «Correr es de cobardes», solía decir tronchándome de risa. «Soy el mejor del equipo; el entrenador no me dejará sin jugar solo por no hacer estos puñeteros ejercicios». Un entrenador al que llegué a querer de verdad me dijo que tenía el talento de un jugador de primera división y la disciplina de un alcohólico en paro de ciento treinta kilos de peso. Escuché a escondidas a ese mismo entrenador decirle a mi padre: «Tu hijo podría llegar a ser profesional, pero sin disciplina no jugará ni con aficionados». Se quedó corto, a los dieciocho años dejé de jugar. Ya lo decía Robert de Niro en *Una historia del Bronx*: «No hay cosa más triste que el talento malgastado; ya puedes tener todo el talento del mundo, que si no haces lo que debes no consigues nada».

La verdad es que no sé si habría llegado lejos en el fútbol o en los estudios, pero sí sé que la disciplina era la única forma de averiguarlo. Y yo no tenía ninguna. No es que piense demasiado en ello; me encanta mi vida actual y no cambiaría nada de lo sucedido en el pasado, pues todo ha sido necesario para llegar hasta aquí, hasta este momento en que estoy escribiendo nada más y nada menos que mi segundo libro, pero a veces me pregunto: «¿Qué habría pasado con mi vida si hubiese aprendido antes a ser tan disciplinado como lo soy ahora?». Y siempre termino encontrando la respuesta. La respuesta es que no me estaría haciendo esa pregunta porque lo habría descubierto.

La disciplina es la fuerza de los humildes de corazón.

La disciplina aporta mucha paz interior porque sientes que has hecho todo lo que podías hacer. Echas la vista atrás, a algún fracaso, y no te dices que lo podrías haber hecho mejor o que podrías haber hecho más. No, al contrario, te dices que lo diste todo y que no lo conseguiste porque sencillamente no tenía que ser. Punto. Y eso, con los años, se convierte en un gran tesoro porque te reconcilia con el pasado, con los fracasos y con las derrotas. Mis únicas lamentaciones son de mi época predisciplina. Si no me martirizan ni me pesan es porque al final comprendí la lección y me lancé en brazos de la disciplina. Y hasta el día de hoy no hay un solo momento en mi vida en que me pregunte apenado: «¿Qué habría pasado si hubiese sido más…?». No. Gracias a la disciplina que me acompaña desde hace casi quince años no tengo ningún asunto pendiente. Ha habido derrotas en mi currículum desde entonces, claro que sí, pero no me duelen porque lo di todo, no pude hacer más. Si alguna vez las recuerdo, siempre acabo diciéndome una de mis frases favoritas: «No debía convenir, no tenía que ser».

Mi madre me exhortaba una y otra vez a que lo diera todo y aceptara el resultado, fuera el que fuese: «Tú haz todo lo que puedas y, aunque no te alcance, te quedarás en paz». Jamás me exigió sacar sobresalientes ni cosas así; en el fondo solo me pedía que fuese disciplinado. Nada más. Pero yo no le hacía caso; creía que eso no servía para nada. Está claro que la arrogancia y la disciplina no casan. La disciplina es la fuerza de los humildes de corazón; es el poder de aquellos que son conscientes de sus limitaciones; es la voluntad de los que saben que la vida es dura y hay que darlo todo. Fin.

Solo entonces podrás descansar sobre tu pasado, tumbarte en el sofá o en la cama y sentirte con derecho a hacerlo. Recuerdo que cuando era más joven e indisciplinado me sentía culpable por no estar haciendo algo con mi vida. Eso no pasa nunca con la disciplina. Descansas y te sientes a gusto porque sabes que has hecho lo que tenías que hacer. A mis clientes deportistas profesionales, aunque hayan perdido, si lo han dado todo y se han entregado por completo, les digo: «Ahora te toca descansar, te lo has ganado. Puedes estar tranquilo». Yo creía que la disciplina no servía para nada, pero como mínimo sirve para descansar y mantener a raya los remordimientos. Siento que su mejor premio es ese: contribuir enormemente a la paz de espíritu.

La frase «Si haces lo debido conseguirás lo que te propongas» es mentira. La disciplina no te hace esa promesa, no te asegura la victoria, pero sí te garantiza descubrir si era posible o no. Y te permite quedarte en paz con ello para el resto de tu vida.

REGLA N.º 2

Uno no nace disciplinado, uno se hace disciplinado

«Joan, para ti es fácil porque tienes mucha disciplina», suelen decirme. Tiene gracia porque me lo dicen como si la disciplina fuese algo innato. Ojalá hubiera sido así. Pero no, uno no nace disciplinado, uno se hace disciplinado, aprende la habilidad de la disciplina. Y, como toda habilidad, al principio cuesta mucho aplicarla, pero cuanto más se practica más se mejora. Así de sencillo, que no fácil.

«Si yo pude, tú también puedes» es una frase que no me gusta nada porque suele usarse mal. Pero, por una vez, recordando mi falta absoluta de disciplina durante más de la primera mitad de mi vida, voy a utilizarla y te voy a decir muy alto y claro: si yo pude volverme disciplinado, tú también puedes.

Mira, en mi primer año de instituto tenía todos los exámenes aprobados con notables o excelentes y, sin embargo, me hicieron repetir curso porque no entregué nunca ningún trabajo ni hacía los deberes. Repetí curso, sí, y perdí un año entero por mi indisciplina; en el primer trimestre suspendí nueve de las doce asignaturas, incluida educación física.

En verdad, creo que nadie nace siendo disciplinado o indisciplinado, uno simplemente aprende a ser una cosa o la otra.

Aun así, es cierto que hay cosas con las que uno nace. Por ejemplo, yo no hice nada para ser introvertido o solitario y no podría cambiarlo ni queriendo. No hice nada para tener el pelo moreno o nacer en Mallorca. Y tampoco es mérito mío la curiosidad por buscar y acumular conocimiento o el amor por la lectura.

No eres culpable de no tener aquello que no puedes aprender, pero sí de no tener aquello que podrías aprender y que, además, mejoraría enormemente tu vida.

Y en esta categoría de cosas está, entre las mejores, la disciplina.

Recuerdo un caso muy especial con un cliente, hará un par de años a lo sumo. Se parecía a mí cuando yo era más joven. Tenía veinticuatro años y era un indisciplinado de manual. Comenzó las sesiones conmigo porque su padre se las pagó y le dio un ultimátum: «Si no te arregla Joan Gallardo, te saco de casa, me tienes hasta los co…». No era mal chaval, pero sí un desastre. Todo lo hacía mal. Llegó diez minutos tarde a nuestra primera sesión y apenas tardó unos minutos en decir: «Perdona, es que soy así». No me enfadé porque era como ver al Joan del pasado pero en directo, más bien me hizo mucha gracia. En un momento de nuestra primera sesión le pregunté a qué hora se iba a dormir y, para sorpresa de nadie, me dijo que no lo sabía, que algunos días a las dos de la madrugada, otros a las tres, algunos días «más temprano, a eso de la una», etcétera. Le pregunté a qué hora se levantaba por la mañana y me dio dos respuestas: «Cuando termino el sueño, a eso de las once o las doce, o cuando mi padre se cabrea y viene él en persona a despertarme». También le pregunté si eso le hacía sentirse bien consigo mismo. Me contestó que no, pero que qué se le iba a hacer, él era así. Entonces le propuse que se fuera a la cama, sin televisor ni teléfono móvil, a las doce de la noche y que se levantara, sí o sí, a las ocho para salir a buscar trabajo. A él le pareció que casi le estaba pidiendo un riñón, y medio pulmón, pero al final accedió cuando le recordé que debía escoger entre hacerme caso a mí o consentir que su padre lo echara de casa.

—¿Y si no encuentro trabajo? —me dijo.

—No depende completamente de ti que te den trabajo, pero sí depende de ti irte a dormir y despertarte a una hora más adecuada. Estoy siendo bastante benevolente, las doce de la noche es muy tarde y las ocho de la mañana no es demasiado pronto, así que no te quejes. O quéjate, pero haz lo debido. Al levantarte, te duchas, te peinas, te vistes bien y te vas a dejar currículums por la ciudad. Si haces eso, yo estaré satisfecho aunque no consigas trabajo, y daré la cara por ti ante tu padre si hace falta. Al menos, de momento.

Para qué engañarnos, le costó mucho. El primer día lo llamé por teléfono a las ocho y cuarto, y seguía durmiendo. Otro día le envié un mensaje a la misma hora y me dijo que estaba en la calle, buscando trabajo. No me lo creí, de modo que le hice una videollamada, sin obtener respuesta. Llamé a su madre, le pedí que fuese a su habitación y me dijera si estaba aún en la cama. Y sí, allí estaba. Tremendo. Pero, poco a poco, fue mejorando su actitud y comenzó a seguir mis consejos. Sus padres no podían creérselo. El joven no encontraba trabajo, pero lo intentaba todos los días. El padre, al comprobar aquella nueva disciplina en su hijo, decidió apostar por él y le pidió a un conocido que le diese una oportunidad ofreciéndole un trabajo. Este le dijo que lo tendría a prueba un mes y que, si no le convencía, no le daría el puesto. Hoy, el chico sigue en ese trabajo, y ya es encargado.

Ese joven aún es cliente mío y de vez en cuando recordamos aquellos primeros días. En sus propias palabras: «Todo

No eres culpable de no tener aquello que no puedes aprender, pero sí de no tener aquello que podrías aprender.

empezó ahí, con esa primera pizca de disciplina que me obligaste a asumir, todo lo demás, todo lo conseguido, llegó desde ese punto. Al principio te odiaba, Joan. Pero cuando comencé a sentirme mejor conmigo mismo y vi que podía llegar a ser una persona disciplinada entendí el porqué de todo aquello».

Quizá no hayas nacido con el don de la disciplina pero seguro que no has nacido privado de la posibilidad de llegar a aprender tal virtud.

Te lo digo alto y claro: si yo pude, tú también puedes.

REGLA N.º 3

La disciplina no es autoexplotación

Escribía Byung-Chul Han, en su libro *La sociedad del cansancio*, que «ahora uno se explota a sí mismo y cree que está realizándose». Es una buena observación que me sirve para explicarte lo que no es la disciplina.

La disciplina no es autoexplotarse. La disciplina no es someterse a una vida de constantes obligaciones y compromisos. La disciplina no es organizarse el día como si fuese un castigo. La disciplina no es imponerse una vida de sufrimiento.

Todo ello es solo una pésima concepción promovida por aquellos que piensan que «disciplina» es igual a «sufrimiento», a pasarlo mal o a no vivir. Y que es contraria incluso a la alegría, el placer y el disfrute de la vida.

Sin embargo, es cierto que la disciplina llevada al extremo puede convertirse en una especie de autotiranía y hacer sufrir mucho a la persona que la vive de ese modo. Y creo que gran parte de su mala fama proviene de ahí.

En este sentido, tengo dos cosas muy importantes que decirte.

La primera es que la disciplina cuesta. Es evidente. Si no fuese así, todo el mundo sería disciplinado. Incluso quienes dicen que la disciplina no sirve para nada. Piénsalo. Imagina que en la farmacia vendiesen pastillas de disciplina. Unas pastillas económicas y sin efectos secundarios, y que, al tomarte una, lograras tener disciplina para un mes. ¿No te la tomarías? Seguro que sí. Tú y cualquiera. Y bien que harían. Con toda probabilidad, sería uno de los medicamentos más vendidos del mundo. Pero como ese medicamento no existe ni existirá nunca, la disciplina hay que desarrollarla. Y cuesta, como casi todo lo que merece la pena en la vida. No obstante, hay una diferencia entre que algo cueste y el hecho de tener que sufrir para conseguir ese algo. Por ejemplo, mantener un matrimonio cuesta, pero no debería ser «algo que sufrir». Ahorrar cuesta, pero sería una exageración decir que es un sufrimiento. Hacer ejercicio cuesta, pero no debería ser un martirio. Se sufre debido a un ataque de hemorroides o por la muerte de un ser querido, circunstancias por las que no pasaríamos de forma voluntaria. En consecuencia, pensar que «disciplina» es igual a «sufrimiento» supone levantar, de entrada, una barrera que nunca querremos superar.

Y la segunda cosa que tengo que decirte es que, para mí, una garantía de sufrimiento es adentrarse en la vida adulta sin un mínimo de disciplina. ¿Te da miedo que la disciplina cueste demasiado? No te haces una idea de lo que cuesta una vida sin disciplina. Decía Jordan Peterson que «la vida es sufrimiento, eso está claro»; en cambio, yo pienso que no solo es sufrimiento, aunque desde luego, en general, la vida es costosa, difícil y en ocasiones muy sufrida… Sin embargo, precisamente por eso merece tanto la pena pasar por el coste de la disciplina, para que la vida te cueste menos, te pese menos, te duela menos y la sufras menos (o, como mínimo, la sufras mejor).

No te imaginas lo penosa que era mi vida cuando no era disciplinado. Tomaba malas decisiones, tenía malas amistades y malas relaciones sentimentales, despilfarraba dinero, mi piso

La disciplina está para que sufras menos, no para que sufras más.

estaba siempre hecho un desastre, tenía muy malos hábitos, etcétera.

Una consecuencia inequívoca de la buena disciplina es la disipación del sufrimiento y la llegada del orden y la paz de quien sabe que está haciendo lo debido, aunque a veces no le apetezca o prefiera hacer lo contrario.

Yo no sufro en absoluto por mi disciplina, jamás. Y no compro ese discurso de que para ser disciplinado tienes que pasarlo mal. Antes he dicho que la vida es costosa y difícil, y lo es, pero también es un lugar maravilloso para disfrutar, relajarse y no hacer muchas más cosas, salvo vivir tranquilo y en paz. Bastantes dificultades entraña la vida para añadirle más nosotros.

Veo mucha vanidad en este mensaje: «Si no sufres es que no te estás esforzando de verdad». Lo dice claro este revelador y bellísimo versículo del Eclesiastés 4:6: «Más vale un puño lleno con descanso, que ambos puños llenos con trabajo y aflicción de espíritu». La disciplina está ahí para hacer de tu vida algo mejor, mucho mejor. Si no es así, lo siento, pero lo estás enfocando mal. Te estás autoexplotando o pretendes hacerlo.

Deja de lado estos discursos que te dicen, por ejemplo, que si quieres tener éxito en los negocios debes vivir por y para los negocios veinticuatro horas al día, siete días a la semana. Menuda locura.

Ignora a los que te dicen aquello de «ya descansaré cuando me muera» o «trabaja día y noche porque Esparta esto y el lobo de Wall-Street lo otro…».

Eso no es disciplina ni nada que se le parezca. Eso es exhibicionismo y autodestrucción. Y el que se llena de esas consignas termina terriblemente vacío.

La disciplina está para que sufras menos, no para que sufras más. Tenlo claro. Yo he visto a muchas personas autoexplotarse para conseguir cosas que un día llegaron a detestar, por todo lo que habían entregado a cambio, por todo lo que habían sacrificado. Si me apuras, te diría que la disciplina también sirve para no caer en esto. En mi caso, cada dos por tres recibo ofertas para embarcarme en proyectos profesionales que podrían suponer unos ingresos extras nada desdeñables. Si no fuese por mi disciplina y porque me señala claramente lo que debo hacer (y lo que no debo hacer), terminaría malgastando un tiempo y una energía que tanto yo como los míos acabaríamos echando en falta. Y si esto sucediese, el arrepentimiento y los remordimientos harían acto de presencia por no haber elegido bien, y entonces sí que sufriría. Como decía mi abuela, que Dios la tenga en su gloria: «Cuando toca, toca; y cuando no, no». Eso es disciplina. Si toca remar, remas con toda tu alma. Y si toca dejar los remos, los dejas y punto. No, la disciplina no es autoexplotación. Y cuando lo parece, es porque no es disciplina.

REGLA N.° 4

La disciplina no cansa, al contrario: descansa

Cuando era pequeño tenía una bicicleta. Era de color amarillo, sin marchas y sin luz delantera, frenaba bastante mal y llevaba un sillín sin espuma. Todos mis amigos tenían *mountain bikes* con mil florituras, pero, para mí, mi bicicleta era la mejor, porque era mía. Era mi compañera de muchas excursiones de verano y de muchos lugares a los que antes no podía llegar andando. También me regaló un montón de raspones en las varias caídas que sufrimos haciendo el loco por el monte. Sin embargo, de entre todas las cosas que hacía con mi bicicleta, había una que me encantaba en especial. Me refiero a ese momento que llega después de subir una cuesta empinada y comienza el descenso. Y no hablo de las bajadas demasiado pronunciadas, sino de esas con apenas unos pocos grados en las que también puedes dejar de pedalear. Era increíble. Recuerdo la sensación de los pies apoyados en los pedales, sin moverlos en absoluto, descansados, y el lento pero continuo y progresivo movimiento de la bicicleta. Era como si llevase una suerte de motor invisible o una vela cual velero en la mar. Esa parte fácil hacía que la otra, la difícil, valiese la pena. Sin ese cansancio al subir, jamás habría sentido lo que sentía al bajar, sin tener que hacer nada más que disfrutar del momento. Era maravilloso. ¿Cansaba la subida? Sí, pero nunca

El descanso ganado es el único y verdadero descanso.

me importó. Me daba igual todo, el tiempo, el cansancio y lo que fuese. Solo existía esa sensación de plenitud, de haber canjeado un premio tras un esfuerzo…, siendo el premio muy superior al esfuerzo.

La disciplina se parece enormemente a eso. No te mentiré, en muchas ocasiones cuesta y cansa, pero lo que viene después es inigualable. El descanso del disciplinado es muy superior al de quien no lo es, porque está libre de toda culpabilidad y lleno de merecimiento, de derecho. El descanso ganado es el único y verdadero descanso.

Quizá el cuerpo del disciplinado termine cansado algunas veces, pero su alma no, nunca. Esta siempre encuentra sosiego y descanso porque no se debe nada a sí misma.

La palabra «descansar» significa «quitarse la fatiga» y viene del prefijo de negación «des-», sobre el verbo «cansar». «Des-cansar». Deshacer el cansancio. Y para deshacerlo, antes hay que tenerlo; prefiero estar cansado por hacer algo importante que estarlo de no hacer nada.

Sé muy bien lo que supone eso, ya que antes de ser la persona que ahora soy, cuando no hacía prácticamente nada con mi vida, solo tenía ganas de dormir y me sentía fatigado todo el tiempo. Ese tipo de cansancio es peor que cualquier cansancio que pueda pedirte la disciplina, porque no se «cura» durmiendo ni parando. Es más, dormir y descansar lo puede llegar a agravar. Y es así porque ese agotamiento no es físico sino mental o, bajo mi punto de vista, espiritual, existencial. Y yo, sin duda alguna, entre el cansancio físico o el espiritual elijo el primero porque, con un par de noches bien dormidas y bajando un poco el ritmo, se va. El otro, no.

Pero voy a ir un poco más allá: cuando pases el tiempo suficiente viviendo de forma disciplinada y le des cada vez más sentido a tus esfuerzos, verás cómo tus niveles de energía aumentarán de manera considerable, incluso mientras estás activo.

De hecho, mientras escribo esta página, estoy sintiendo eso. Hace una hora, antes de ponerme a escribir, me encontraba bastante cansado, pero ahora estoy como si me hubiese comido un bocadillo de cafeína. Es de noche, pasadas las diez, los niños ya duermen y hoy solo disponía de este momento porque he tenido una agenda llena de sesiones con mis clientes. Mi plan era dedicar una hora a escribir, de nueve y media a diez y media, y luego descansar y leer un poquito para acostarme a las once. Sin embargo, justo antes de empezar, se me ha ocurrido lo siguiente: «Mira…, mejor me voy a leer a la cama directamente y ya escribiré mañana en otro momento». Pero a ese mismo pensamiento le he respondido: «Una hora no es mucho y aún tendré tiempo para leer y dormirme pronto, es cierto que estoy cansado, pero hacemos un trato: empiezo a escribir y si a los diez minutos resulta que no puedo más, me acostaré y ya está». Así que a la hora que tenía planeado, me puse a escribir y aquí estoy, acabando este capítulo, tal y como me había propuesto. Me encuentro cansado, pero no tanto como antes. Eso sí, ahora puedo comenzar a prever lo mucho que disfrutaré de la lectura que me espera y de ese momento de tumbarme en la cama pensando en que me lo he ganado. Y descansaré como un bebé, con la cabeza completamente quieta, silenciosa, conforme y en paz…, gracias a la disciplina.

REGLA N.º 5

Disciplina = Libertad

Jocko Willink tituló así uno de sus libros: *Disciplina es igual a libertad*. De entrada, puede sonar contradictorio, pero si lo analizas y dejas a un lado los prejuicios verás cómo tiene todo el sentido del mundo. En palabras del propio Willink:

> Todo el mundo quiere ser libre, pero la única forma de llegar a serlo es a través de la disciplina. Si quieres la libertad financiera, deberás tener una gran disciplina con tus finanzas. Si quieres más tiempo libre, deberás ser disciplinado para seguir un sistema de gestión de tu tiempo y no terminar malgastándolo. Además, deberás tener mucha disciplina para aprender a decir NO a cosas que terminan robándote tiempo como las redes sociales, procrastinar o incluso ir a eventos a los que no quieres ir o atender peticiones que no quieres atender. Pero hay más. Sin disciplina, uno termina siendo un esclavo en muchos aspectos. Por ejemplo, si no tienes la disciplina para hacer deporte y nutrirte bien, terminarás siendo esclavo de la enfermedad o el deterioro físico. Si no tienes la disciplina para controlar tus finanzas, acabarás siendo esclavo de la deuda, la bancarrota o los problemas económicos.

Pensando en este texto, he detectado una ironía bastante evidente, visto desde fuera. Una ironía que yo mismo viví y que no supe o no quise detectar. Aquí va: la mayoría de las personas que no quieren saber nada de la disciplina porque temen perder su libertad disfrutan de muy poca libertad porque no han querido saber nada de la disciplina. A mí me sucedió exactamente eso.

Hubo una época en la que no tenía compromisos con nada ni con nadie, salvo conmigo mismo y el trabajo. No tenía pareja ni hijos y hacía básicamente lo que se me antojaba sin tener que dar explicaciones a nadie. Comenzaba a trabajar a las doce del mediodía y terminaba sobre las nueve de la noche. Ganaba un sueldo bastante aceptable y también hacía lo que quería con él. Ni disciplina ni rollos, libertad. No había un plan ni un sistema de valores o principios. Hacía en cada momento lo que me apetecía, todos los días.

En menos de un año estaba hecho polvo, me encontraba vacío y no tenía dinero en mi cuenta corriente.

Esa «libertad» mal entendida me llevó a una falta absoluta de autocontrol, destruyó todos mis límites y dio paso a la época más caótica de mi vida. Me había hecho esclavo del ocio, de las fiestas, de las borracheras, de la validación externa y de las tentaciones. No tenía filtro. No me resistía, no me oponía. Entraba como un toro al capote del torero. Decir «no» a lo que fuese me daba alergia porque para mí era algo contrario a la libertad. El «no» era mi enemigo natural. ¿Era mi libertad más importante que yo mismo? Eso parecía, porque sin darme cuenta me había hecho su esclavo. No entendía nada. No concebía cómo podía ser que, viviendo libre y sin compromisos y haciendo lo que me daba la gana, me sintiera tan mal e infeliz.

Fuera como fuese, aquella situación me obligó a abstenerme de esa libertad. Tuve que dejar de salir y de gastar, y comencé a trabajar más que antes para superar mi precariedad económica. Llegaba antes al trabajo y me marchaba más tarde. No me quedó otro remedio. Ese culto a la libertad y su mal uso me condujo hasta esa situación.

Los fines de semana se me hacían un poco largos, pero empecé a entretenerme con otras cosas. Volví a leer, me reenganché al cine y a dar largos paseos pensando, tenía la casa siempre limpia y ordenada, aprendí a cocinar porque no tenía dinero para comer fuera y entrenaba de lunes a domingo. Empecé a sentirme mucho mejor conmigo mismo. Entendí que la libertad era un concepto mucho más amplio y profundo de lo que creía. La libertad no era un fin sino un medio hacia otras cosas. En última instancia, era libre para decidir sobre mi propia libertad. «Puedo usarla o incluso limitarla. Puedo limitar mi libertad y no por ello dejar de ser libre, sino al contrario», concluí una noche, tras una reflexión minuciosa sobre el tema. Me pareció fascinante. Las piezas encajaban. Fui consciente de que cuanto más decidía activamente sobre lo que debía o no hacer, mejor me sentía. Si me invitaban a salir, pero yo consideraba que no debía, por mucho que me apeteciese decía que no. Y me sentía mejor. Si me entraban ganas de comprarme algo, pero veía que no me convenía, me lo negaba. Y me sentía mejor. Si me apetecía quedarme durmiendo hasta mediodía, pero consideraba que tenía que levantarme a limpiar la casa, lo hacía y… me sentía mejor. Mucho mejor que antes. De alguna extraña forma, sentía que gracias a mi nueva disciplina me estaba liberando de mis peores partes, de mi vanidad, de mi debilidad ante las tentaciones, de mi inconsciencia y de mi inclinación hacia el caos. En una bella paradoja, la disciplina me liberaba de todo eso, dándome a cambio una sensación de mayor libertad, de control, de autodominio y mesura. Había entendido que la libertad era una vía para acceder a cosas mejores.

Ser libre no es hacer lo que quieres, sino hacer lo que debes porque quieres.

Ser libre no es hacer lo que quieres, sino hacer lo que debes porque quieres.

Me resulta cuando menos gracioso ver cuántas veces me preguntan sobre cómo vencer la procrastinación, cómo aprender a decir que no, cómo conseguir imponerse límites o imponer límites a los demás o cómo ahorrar dinero, y ver cómo esperan cualquier respuesta que no tenga que ver con la disciplina. Quieren liberarse de todo eso, pero sin pasar por lo que les daría la libertad que no paran de pedir. ¿Sabe amargo el medicamento? Quizá, pero solo en la boca, porque en el estómago resulta siempre dulce y sanador. A mí me gusta visualizarlo como una máquina industrial con una puerta de entrada y otra de salida. Por la de entrada introduces disciplina y por la de salida aparece la libertad.

Tengo cuarenta años y el resultado de mi disciplina ha sido la ausencia total de deudas, disponer de más tiempo libre que nunca, llevar una vida tranquila y sencilla, disfrutar de una autoconfianza que emana de saber que solo hago cosas buenas para mí y mi futuro, y tener una sensación inequívoca de vivir justo la vida que quiero vivir.

A mí me suena a verdadera libertad.

REGLA N.º 6

No seas esclavo de la disciplina

Decía Aristóteles que «la vida bien vivida se sitúa en el término medio, el equilibrio. Y solo hay una cosa que en extremo es buena, y esta cosa es la felicidad». También decía que la felicidad es lo único que buscamos por ella misma y nunca por otra cosa, a diferencia de todo lo demás, que nos es deseado a causa de la felicidad, es decir, porque pensamos que gracias a esas otras cosas conseguiremos la felicidad. Por ejemplo, queremos dinero porque podremos estar más tranquilos, tener más prosperidad, vivir en mejores condiciones y seremos, así, más felices. Queremos encontrar el amor porque podremos compartir la vida con alguien a quien amaremos y nos amará, evitaremos la soledad y seremos, así, más felices. Queremos estar en forma porque mejoraremos nuestra salud, enfermaremos menos, tendremos mejor aspecto y más vitalidad, y seremos, así, más felices. Con la disciplina sucede lo mismo. Queremos la disciplina para tener una vida mejor, más plena y más feliz. De hecho, si la disciplina no aporta más felicidad a tu vida no es porque sea mala para ti, sino porque la estás aplicando incorrectamente.

De nuevo Aristóteles, en su fabulosa *Ética a Nicómaco*, explica que la moderación, el equilibrio y el término medio son la clave para vivir en virtud:

> Está en la naturaleza de tales cosas [la virtud] el destruirse por defecto o por exceso [...]. Así, el exceso y la falta de ejercicio destruyen la robustez; igualmente, cuando comemos o bebemos en exceso, o insuficientemente, dañamos la salud, mientras que si la cantidad es proporcionada la produce, aumenta y conserva. Así sucede también con la moderación, virilidad y demás virtudes: pues el que huye de todo y tiene miedo y no resiste nada, se vuelve cobarde; el que no teme absolutamente a nada y se lanza a todos los peligros, temerario; asimismo, el que disfruta de todos los placeres y no se abstiene de ninguno, se hace licencioso, y el que los evita todos como los rústicos, una persona insensible.

Voy a ser muy claro: uno también puede volverse esclavo de la disciplina si la lleva al extremo. Lo he visto en innumerables ocasiones. He visto a personas entrenar cuando no debían. He visto a personas trabajar cuando no debían. Y he visto a personas estudiar cuando no debían, entre otras cosas. Porque sí, porque «yo soy muy disciplinado y si digo que tengo que hacer esto, lo hago aunque esté más quemado que el cenicero de un bingo». Eso es ser esclavo de tu propia disciplina. Eso es un exceso que, como explicaba Aristóteles, un día terminará con la destrucción de esa disciplina. Siempre explico que solo hay dos tipos de personas indisciplinadas: las que aún no han intentado ser disciplinadas y las que lo fueron pero se excedieron, para terminar cogiéndole asco a la disciplina. De esos dos tipos de personas, el más complicado de devolver a la senda de la disciplina es el segundo.

A mis hijos les explico que la disciplina es como un fuego. Permite calentar una casa, alumbrar por la noche e incluso cocinar alimentos, pero... también puede causarte quemaduras de tercer grado o calcinarte vivo. Solo hay que aprender a manejarlo.

La disciplina no es hacer muchas cosas, sino hacer las adecuadas, las importantes. El más por el más es vanidad pura.

El dinero está bien, muy bien, pero no puedes convertirte en su esclavo. El amor es lo más maravilloso que existe, pero no debe esclavizarte. Entrenar es un hábito formidable, pero tampoco debes hacerte esclavo de tu cuerpo. Con la disciplina sucede lo mismo. Es fácil, muy fácil, crearse el rol de «la persona más disciplinada del planeta» y llegar a ser prisionero de dicho papel, pero eso supone no entender la disciplina, no aplicarla de forma correcta. Eso es llevarla al extremo y lanzarte con ella por un precipicio.

Me acuerdo de Mufasa, sí, el majestuoso personaje de *El rey león*, cuando después de salvarle la vida a su hijo Simba y a su amiga Nala, tras el ataque de las hienas, le explica a este: «Yo soy valiente cuando debo serlo». Excepcional explicación. La disciplina no es un estilo de vida, es una herramienta, ¡caray! Es una herramienta, por ejemplo, para hacerte trabajar cuando toca y hacerte descansar cuando toca.

A muchos de mis clientes también les ayudo a organizar su tiempo. Les pido que me envíen por correo un ejemplo de lo que, para ellos, sería una semana bien aprovechada. No falla, cuando abro esa planificación semanal, siempre tiene el mismo aspecto: está llena de cosas por hacer, desde primera hora de la mañana hasta la noche. Yo, bromeando, les respondo de la siguiente manera: «¿Esto es una semana bien aprovechada o un castigo autoimpuesto?». La disciplina no es hacer muchas cosas, sino hacer las adecuadas, las importantes. El más por el más es vanidad pura.

Tengo y he tenido a muchos clientes en este punto. Sobre todo, suelen ser empresarios de éxito… quemados por ese mismo éxito. De hecho, son la definición andante de «morir de éxito». Mi objetivo con ellos es, irónicamente, ayudarles a ser disciplinados para que no trabajen si no es el momento. Es ayudarles a ser lo suficientemente disciplinados como para soportar no hacer nada cuando lo mejor es no hacer nada. Es alentarles a tener la suficiente disciplina como para apagar el móvil del trabajo durante los fines de semana y las vacaciones o ver una película sin sentirse culpables por no estar haciendo «algo más productivo».

Me llama la atención ver cómo nos convertimos en esclavos de las cosas más curiosas y encima eso hace que nos sintamos muy importantes, muy superiores. He escuchado demasiadas veces decir frases como estas: «Yo no veo películas, no tengo tiempo para esas cosas», «Los videojuegos son una pérdida de tiempo», o «Duermo cuatro horas al día, no soy como los demás, yo tengo mucho que hacer»; y decirlas, todas ellas, con un orgullo de fondo absolutamente demencial.

Esa no es la vía. No funciona así.

Puedes ser alguien muy disciplinado y dormir tus ocho horas, ver películas o series, jugar a videojuegos o lo que te dé la gana. La disciplina te servirá para hacer todas esas cosas con virtud, con equilibrio, con un término medio. La disciplina será el agente que te haga apagar la consola cuando sea el momento de dejar de jugar, que te haga irte a la cama a la hora adecuada y que te haga no ponerte un capítulo más de la serie cuando lo debido sea parar.

La disciplina está a tu servicio, no tú al servicio de la disciplina.

REGLA N.º 7

La meritocracia ~~no~~ existe

«La meritocracia no existe, da igual lo que hagas». No paro de escuchar esta frase cada dos por tres. Quien la dice, probablemente me explicaría que hay personas que han llegado bastante lejos en la vida sin presentar méritos suficientes, pero eso no es más que una opinión muy difícil de demostrar. Seguro que también me explicaría que algunas personas nacen en familias poderosas o con más recursos y que aprovechan esa estela, ese impulso, para llegar con mayor facilidad a posiciones a las que a otros les costaría muchísimo más llegar. Ya sabes, aquello de «está ahí porque su padre es Fulano de Tal». Parece razonable criticar esto o usarlo como argumento para demostrar que la meritocracia no existe, pero en mi opinión es una falacia. Porque si bien es cierto que el hijo de Fulano de Tal quizá no esté ahí por sus méritos, su padre, Fulano de Tal, sí los hizo y fueron unos méritos tan poderosos que incluso su hijo puede beneficiarse de ellos. ¡Eso sí que es una meritocracia poderosa! Conozco casos de individuos que controlan imperios creados más de cien años atrás por un antepasado. Imagínatelo, generaciones y generaciones viviendo de los méritos de un tatarabuelo. Quítale tú el mérito. Ojalá lograse algo así, reunir tantos méritos en mi vida que hasta los hijos de los hijos de mis hijos pudiesen beneficiarse de ellos.

Otra cosa muy distinta es hablar y discutir sobre los méritos necesarios para alcanzar ciertos hitos en la vida o llegar a ciertas posiciones. Es evidente que una persona que nace en un hogar humilde y sin recursos tendrá menos posibilidades que una que lo hace en una familia acomodada. Pero ¿acaso eso significa que esta persona no deba esforzarse e intentar acumular sus méritos para llegar tan lejos como buenamente pueda? ¿Qué se supone que habría que decirle? ¿Que no se esfuerce? ¿Que sus cartas ya estaban echadas cuando nació y no hay nada que hacer al respecto? ¿Que el mundo es un lugar sistemáticamente injusto y no vale la pena ni intentar prosperar? Me parece terrible. Terrible y falso. Por ejemplo, yo nací en una familia muy humilde y lo pasamos muy mal con el dinero, aunque mis padres se mataban a trabajar y nunca nos faltó lo esencial. Ni yo ni mis hermanos recibimos, en la adultez, ningún tipo de ayuda económica por su parte, muy a su pesar. Ni dinero, ni un piso, ni un negocio. Nos tuvimos que espabilar solos y buscarnos la vida. Cada uno desde su propio punto de partida, con nuestras respectivas cualidades y nuestros defectos. Y, al final, a base de hacer muchos méritos, los tres hemos encontrado nuestro lugar y nuestra prosperidad.

¿Que he tenido que hacer, quizá, más méritos que otros para alcanzar lo mismo que ellos? Puede ser. También puede ser que otros estén haciendo más méritos para conseguir la mitad de lo que yo he conseguido. Pero ¿y qué? ¿Acaso eso significa que los méritos que he hecho no me han servido para prosperar en la vida? ¿Qué habría pasado conmigo de haber concluido que la meritocracia es mentira y que da igual lo que hagas? Creo que decirle a alguien que no merece la pena esforzarse, porque hay gente que ha nacido con mejores condiciones, es uno de los peores consejos que se pueden dar. ¿Es cierto que hay personas que nacen en un entorno más privilegiado de partida que la mayoría? Sí, sin duda. Pero también es cierto que hay muchas personas, muchísimas, que han nacido en peores lugares que tú, con peores condiciones y con una perspectiva de futuro mucho peor. ¿Qué hacemos? ¿Les decimos que se queden en casa esperando a que alguien les salve?

En todo caso, podremos decir que no todos los méritos pesan igual o que algunas personas necesitan menos porque tienen mucha ayuda, o que algunas empiezan la carrera de la vida con varios metros (o kilómetros) de ventaja, pero eso no significa que acumular méritos no sirva de nada. Faltaría más. ¿Me he hecho millonario trabajando? No. ¿He podido salir por mi propio pie del agujero financiero en el que me encontraba alrededor de mis veinticinco años para, finalmente, vivir una vida libre de problemas económicos? SÍ. ¿Cómo? Haciendo méritos. Ganándomelo. He pasado del kilómetro uno al kilómetro cien. ¿Otros, haciendo menos, están ya en el trescientos? No me importa lo más mínimo, me alegro por ellos, de verdad. Yo lo que veo es que he mejorado, prosperado, avanzado y progresado gracias a mis méritos y esfuerzos. Y eso es lo que más me importa.

El ser humano no puede vivir sin un porqué, sin un sentido. Lo necesita para hacer casi cualquier cosa. La disciplina no es una excepción. Si crees que ser disciplinado no va a servirte de nada, olvídalo, nunca llegarás a ser disciplinado. Si crees que no merece la pena esforzarse y que no importa los méritos que acumules, el resultado final será la ausencia de esfuerzos y méritos. Entonces te deprimirás, te estancarás y justificarás tu visión de que el mundo es un lugar injusto y que da igual lo que hagas.

Sin embargo, si crees que el premio por la disciplina será mayor que el precio por ejercerla, te verás cargado de sentido

Debes creer en lo que haces para poder seguir haciéndolo.

para soportar el esfuerzo que supone. Cuando flaquees, pensarás: «Me está costando, esto es difícil, pero es por algo mejor, por mi vida, mi futuro y el de los míos. Tengo que continuar».

Debes creer en lo que haces para poder seguir haciéndolo.

¿Seguirías golpeando un muro si te dieras cuenta de que no vas a poder derrumbarlo?

Para terminar:

¿Partimos todos en igualdad de condiciones? NO.

¿Significa eso que no puedes hacer méritos y esforzarte para prosperar? NO.

¿Acabarán sirviendo de algo tus esfuerzos y tus méritos y la disciplina que necesitas para llevarlos a cabo? SIN NINGUNA DUDA: SÍ.

REGLA N.º 8

Si no sabes parar, no sabes montar

Cuando era un crío me encantaba ir en monopatín. En casa no había dinero para eso, pero un amigo mío tenía uno, así que nos pasamos muchas tardes de verano compartiéndolo. Él llevaba años montando y tuvo que enseñarme desde el principio. A mí no me interesaba hacer trucos y cosas así, solo quería aprender a desplazarme con él. En aquella época, en mi pueblo, el monopatín se puso muy de moda y era bastante común ver a chavales montando por las calles. Me quedaba embobado viéndolos de pie sobre la tabla, tan relajados y con el viento dándoles en la cara. Yo quería sentir eso. Ese placer. Esa aparente paz. «Debe de ser lo más parecido a ser un ave y volar», me decía. Quería volar. Nada más.

No me costó aprender a mantener el equilibrio sobre la tabla, darme impulso, coger cierta velocidad o incluso tomar curvas, pero… no sabía frenar. A la hora de pararme, lo que me salía del alma era tirarme del monopatín en marcha o, como mucho, agacharme hasta sentarme en la tabla y frenar con los dos pies como si fuese sobre un trineo en la nieve. Era bastante cómica la cosa. Mi amigo se frustraba porque intentaba enseñarme con una enorme paciencia, pero, cuando me apuraba, yo olvidaba las indicaciones y hacía lo que me parecía. Él me decía: «Tío, tienes que aprender a dominar esto también». A lo que yo le contestaba: «Tranqui, macho, si ya sé montar». En ese momento me dijo algo que nunca olvidaré: «No, Gallardo, si no sabes frenar no sabes montar».

Con la disciplina sucede lo mismo. Si no sabes cuándo parar o si, aunque sepas cuándo, no puedes…, no has entendido lo que es la disciplina.

Volviendo al monopatín, finalmente lo conseguí. Aprendí a frenar. Además, de tres formas distintas. Y lo que sucedió a continuación fue algo que no esperaba: una vez que aprendí a frenar, a parar, comencé a patinar mejor, a moverme con mucha más soltura, con más confianza, e incluso me atrevía a ir más rápido.

Ese concepto lo sigo aplicando todos los días a mi vida.

Por ejemplo, para escribir tanto mi primer libro como este, me di cuenta bastante rápido de que necesitaba un plan, o acabaría agotado, consumido. Hasta ese momento, yo me sentaba a escribir y paraba cuando tenía que atender a alguno de mis clientes o cuando ya no podía más. En alguna que otra ocasión estuve escribiendo durante más de cuatro horas sin parar. A ratos, perdía la cabeza, aquello se me estaba yendo de las manos. Sabía que no podía seguir así y que ya no era una cuestión de esfuerzo. Además, cuanto más tiempo seguido dedicaba a escribir, más lento iba y peor quedaba el texto. Encontré la solución de una forma muy sencilla: dividiría las horas en 45 minutos seguidos escribiendo y 15 minutos completos de descanso. Al día siguiente empecé con este nuevo plan. Cuando terminé los primeros 45 minutos de escritura me encontraba muy bien y no necesitaba parar, pero, aun así, descansé. Los 15 minutos se me hicieron incluso largos, aunque los respeté. Después, volví al despacho y comencé mi segunda tanda de 45 minutos de escritura. Me fue mejor que la primera. Al finalizar, volví a parar mis 15 minutos. Me pasé

Si no sabes cuándo parar o si, aunque sepas cuándo, no puedes..., no has entendido lo que es la disciplina.

el día entero así. Escribí veinticinco páginas. El doble que mi anterior día más productivo. Y, además, con una calidad claramente superior.

A menudo me tentaba la idea de saltarme algún descanso para acelerar más el libro, pero no lo hice ni una sola vez. Y fue gracias a la disciplina. Usaba mi disciplina para parar, para descansar. Suena paradójico, ¿verdad?

Uno de los trabajos que hago a lo largo del año es dar conferencias a empresarios y emprendedores. Les ayudo con la comunicación interpersonal en el trabajo, la organización y, sobre todo, con el estrés y la conciliación familiar. Con mucha diferencia, la pregunta estrella que me hacen es la siguiente: ¿cómo separar la vida personal de la vida profesional? La respuesta es sencilla, aunque difícil de aplicar: no mezclándolas nunca. Pero si ya están mezcladas lo que hay que hacer es separarlas y aprender a parar. Y no mezclarlas de nuevo. O, como les digo de forma algo más técnica: hay que aprender a compartimentar bien la vida. «Hasta aquí es trabajo y a partir de aquí, no». Así de simple. ¿Y cómo se consigue eso? Ya te lo imaginas: con disciplina, ¡cómo si no!

Por ejemplo, yo los domingos no hago absolutamente nada de trabajo. Es el día del Señor, el día de reposo y, para mí, es algo sagrado. Ese día no consulto el teléfono del trabajo ni escribo artículos ni nada por el estilo. De hecho, así se lo comunico a mis clientes, pidiéndoles que no contacten conmigo nunca en domingo, salvo en casos de emergencia. Tengo que reconocer que al principio me costó mucho, ya que mi mente me llevaba a poner excusas bastante convincentes para trabajar un rato los domingos temprano, cosa que terminé haciendo más de una vez. Pese a ello, seguí intentándolo y llegué a resistir lo suficiente como para cumplir siempre con el día de reposo. Desde entonces, los lunes son infinitamente mejores. Llego con mis niveles de estrés casi a cero. Algunos de mis amigos emprendedores se asombran por algo así. «¿De verdad no haces nada de trabajo en todo el día?», me preguntan. Es habitual que pensemos de ese modo, pero ¿es normal? Merece una reflexión.

Algo idéntico me sucede a diario con las peticiones de posibles clientes para concertar sesiones. Me explico. Yo tengo, inamovible, una hora fijada a la que empiezo a trabajar y una hora asimismo fijada a la que termino. Y es así porque quiero reservar las primeras horas del día para mí, para leer tranquilo la Biblia, para dar un pequeño paseo, para escribir un poco, desayunar con los niños y llevarlos a clase. Y esto lo considero sagrado. También considero importante en extremo terminar de trabajar a una hora decente para poder estar con la familia, descansar, cenar temprano y tener tiempo de calidad y de ocio con ellos. Sin embargo, todas las semanas algún cliente solo puede quedar por la tarde, a una hora que está fuera del horario que yo mismo me he impuesto. De nuevo, siento una primera tentación que me dice que acepte, que le haga sitio, que no pasa nada, que solo me quitaría una hora del tiempo en familia, que es un dinero que ya está casi en mi bolsillo…, pero me mantengo disciplinado, hago lo que creo que debo hacer y le digo que no, que lo siento mucho pero a esas horas ya estoy solo para mi familia. Es difícil, y más cuando a uno, de vez en cuando, le pesa el recuerdo de la carencia del dinero de otros tiempos. Gracias a la disciplina sé decir que no. Sé proteger lo que necesito de lo que me tienta. Es más: la disciplina me protege de lo que me tienta, para poder tener lo que me hace falta.

Antes de terminar este capítulo debo decir que, en ocasiones, la necesidad pasa a ser una prioridad. Por desgracia, entonces no queda otro remedio que ser práctico y renunciar a algunas cosas de la vida, aunque sea de forma provisional. Durante algún tiempo, yo mismo tuve que estar más horas en el trabajo que en casa. Tuve que sacrificarme por el bien de mi familia hasta dejar las cosas bien atadas a nivel económico. Pero, gracias a Dios, aquello terminó y cuando es suficiente… es suficiente. Conozco demasiados casos donde el más por el más, el deseo por acumular y el culto al logro han provocado el derrumbe de la vida personal. Eso no puede suceder. Lo recalco: la disciplina sirve para proteger lo que es importante, no para destruirlo.

Así que tenlo en mente: si no sabes parar, no sabes montar.

REGLA N.º 9

La disciplina no es rigidez

«Me tira para atrás la disciplina porque no me gusta la rigidez ni la falta de flexibilidad». Es una de las críticas que más veces he escuchado en contra de la disciplina. De verdad que no lo entiendo. Es como si alguien me dijese que no le gusta el baloncesto porque no le gustan las porterías. Qué tendrá que ver. Conozco a muchas personas disciplinadas y la rigidez no supone ningún problema para ellas. Pienso que esa crítica viene de quienes han intentado disciplinarse de la peor manera posible y han establecido, como punto de partida, una definición equivocada de la disciplina. Lo más probable es que esa definición o ese rechazo hacia la disciplina también venga motivado por una experiencia negativa. Quizá la persona fue a un colegio donde «se disciplinaba» a los alumnos mediante la violencia, la amenaza o el miedo. Quizá sufrió la rigidez e inflexibilidad de sus padres en la niñez y adolescencia. O quizá la persona esté influenciada por películas y libros donde se presenta la disciplina como un concepto casi militar, según el cual debe hacerse lo que es debido aunque uno esté casi muriéndose.

Eso no es disciplina, sino castigo, sometimiento, subyugación y doblegamiento.

Yo soy el primero que se lleva las manos a la cabeza cuando escucho mensajes como los siguientes:

«Da igual si me muero de agujetas, voy a entrenar y me aguanto».

«Estar enfermo no es excusa para no hacer el trabajo».

«Dije que terminaría esto hoy y lo voy a terminar, aunque se me haga de día y tenga que beberme dos litros de café».

Si eso es disciplina..., tranquilo, que yo tampoco la quiero.

Si hay que hacer sacrificios gigantescos puntualmente, se hacen. Pero uno no puede vivir así por sistema. Es una insensatez. Recuerdo que una vez, hará unos veinte años, en la tapicería familiar tuvimos que estar tres días enteros trabajando para entregar un pedido. Y cuando digo «enteros» quiero decir «enteros», tapizando también toda la noche. Se hizo porque se tenía que hacer y porque una cosa así pasaba cada muchos años, pero de haberse convertido en algo habitual, habría sido mucho mejor terminar cerrando.

No es una cuestión de disciplina, es una cuestión de sentido común. Y si el ejercicio de la disciplina no va unido al sentido común, entonces es que no estamos hablando de disciplina sino de tiranía.

La disciplina no puede ser ajena a la compasión. Nada puede ser ajeno a la compasión. Y digo compasión, no autocondescendencia. Si te habías propuesto terminar de leer un libro en una semana, pero, pese al esfuerzo, no llegas, pues no pasa nada, ya lo terminarás en diez días. La disciplina es hacer lo debido de la manera más honesta posible. ¿Vas a quedarte sin dormir para terminar el libro en una semana, solo porque lo dijiste o te lo propusiste? Eso, repito, no es disciplina.

Otro ejemplo perfecto de lo que no es disciplina y que veo a menudo se da en aquellos que quieren ponerse en forma y se apuntan al gimnasio. «Voy a ir a entrenar todos los días», se suelen decir. Quieren pasar del sedentarismo a entrenar más que Schwarzenegger en sus mejores tiempos.

La disciplina no puede ser ajena a la compasión. Nada puede ser ajeno a la compasión.

Empiezan y a los tres días ya han entrado en combustión. Sienten que deberían parar un par de días, pero no lo hacen, porque habían dicho que irían todos los días. Así que no atienden a las señales y, a rastras, terminan la semana de entrenamiento. Antes de que puedan saborear ese «éxito», ya vuelve a ser lunes y hay que ir a entrenar de nuevo. Perfiles así duran tres o cuatro semanas antes de abandonar el entrenamiento, quizá para siempre. Luego te los encuentras pasados los años y dicen: «Ah, no, el gimnasio no es para mí». ¿No sería mucho más inteligente empezar con tres sesiones de entrenamiento a la semana? ¿O incluso dos y luego, con el tiempo, ir aumentando la frecuencia? ¿No sería más inteligente comenzar con entrenamientos sencillos y breves hasta que el cuerpo se vaya adaptando? Hay que evitar que se cumpla el refrán que dice «arrancada de caballo andaluz, parada de burro manchego».

La disciplina, sin inteligencia y sin compasión, termina siendo una trituradora de personas.

A lo largo de los últimos años he llevado a cabo tres retos. La primera vez fue el «Pódcast diario de Joan Gallardo», en el que grabé un episodio al día durante un año, sin fallar. La segunda vez fue mi diario ilustrado, también anual, en el que escribí e ilustré cada día dos páginas con consejos para la vida. Y la última vez fue en YouTube, donde grabé un vídeo cada día durante un año. Los tres proyectos supusieron un impacto muy grande en mi vida profesional y tuve que echar mano de una gran disciplina y determinación para terminarlos, pero… te prometo, con toda sinceridad, que si hubiese sentido que ya estaba dando más de lo que podía sacar a cambio o que aquello ya no merecía la pena… lo habría dejado, habría abandonado. De golpe y sin miramientos. Por mucho que lo hubiese dicho. Por mucho que me lo hubiese propuesto.

Porque la disciplina está para hacer de mi vida algo mejor, no algo peor. La épica se la puede quedar otro. Yo no como de la épica. No vivo para la épica. No busco ser el campeón mundial de la disciplina ni el reconocimiento ajeno como «Joan Gallardo, la disciplina en persona». No. No me interesa hacer exhibiciones de disciplina ni el trono del ejemplo que seguir. Solo es que he encontrado una forma dulce de incorporar la disciplina a la vida de las personas sin tener que sufrir un martirio. Y repito que entiendo el conflicto porque a mí también me han querido disciplinar con mensajes del tipo «yo te voy a disciplinar y así te enterarás de lo que vale un peine», pero la realidad es que una vida sin disciplina es una vida peor, que termina moviéndose en dirección hacia la mediocridad.

Lo que más deseo es que este libro contribuya a la reconciliación con la disciplina. En primer lugar, quiero lograr despojarla de los prejuicios que la rodean. Y, en segundo lugar, quiero enseñar a ejercerla de la forma más humana posible. Defiendo que su mala fama no se debe a ella, sino a los individuos que la han ejercido mal o no la han enseñado y aplicado como se merece.

REGLA N.º 10

La disciplina no es el fin, sino un medio

Mi propósito cada vez que escribo es decir la verdad. Pero antes que escritor soy lector, devoro libros porque amo la lectura con toda mi alma; cada año leo alrededor de un centenar y si hay algo que aprecio de un autor es su sinceridad, su honestidad. Llevo muy mal leer un libro y tener la sensación de que me están tomando el pelo, de que están intentando venderme un conocimiento o una historia que ni el escritor se cree. Entiendo que exista la necesidad de vender, pero nada debería ser superior a la necesidad de decir la verdad. Ahí va mi mayor compromiso como escritor. Habría sido fácil llenar tanto mi primer libro, *Nunca renuncies a ser feliz*, como el que tienes entre las manos de grandes promesas y trufarlos del optimismo más exacerbado con la única intención de vender más.

Gracias a Dios, no lo necesito. Puedo permitirme la sinceridad.

Por ello, aunque este es un libro que defiende y alaba la virtud de la disciplina y que la pone entre los valores más altos de la vida, te voy a decir lo siguiente: la disciplina, por sí misma, no me interesa lo más mínimo. La disciplina no es un fin, sino un medio. El fin no es la disciplina por la disciplina, sino la disciplina por lo que puede ayudarte a conseguir. Me interesa y la enseño por lo que me procura. Me aporta tiempo libre al hacerme más eficiente, permite que transmita confianza a mis clientes, mantiene mis niveles de estrés al mínimo, evita que me disperse y me desvíe de lo que es realmente importante en mi vida, supone una parte fundamental de mi autoestima y autoconfianza, me ayuda a ser más fuerte y determinado, me permite tener un mayor autocontrol, defiende los límites que me impongo e impongo a los demás, alimenta mi paciencia, aleja las tentaciones, etcétera. Todas estas cosas (y más) dan como resultado una sensación inequívoca de estar viviendo bien la vida, de estar teniendo una buena vida y, por lo tanto, de ser más feliz. Sin duda, la disciplina ayuda mucho a ser más feliz. Todas las personas felices que he conocido eran también personas disciplinadas. Pero, cuidado, no todas las personas aparentemente disciplinadas que he conocido eran felices; aunque, sin excepción, todas las que eran felices tenían la disciplina entre su catálogo de virtudes.

Ahora te estarás preguntando: «¿Y por qué hay personas disciplinadas que no son felices?».

Es LA pregunta, claro. Una pregunta con múltiples y válidas respuestas.

La primera respuesta es que la disciplina no es la única fuente de felicidad. Por ejemplo, la bondad y la compasión tienen un impacto enorme a la hora de ser feliz, así que si una persona es muy disciplinada, pero a la vez es malvada o demasiado dura consigo misma o con los demás, le será imposible alcanzar ese fin último y autosuficiente que es la felicidad, por muy disciplinada que sea después en otras áreas de su vida.

La segunda respuesta es que la disciplina puede ejercerse de una forma muy tiránica. Yo mismo educo a mis hijos con disciplina, pero se la entrego siempre envuelta en amor, empatía y comprensión. Jamás permitiría que asociasen el término «disciplina» con la agonía, la angustia, la ansiedad o la opresión. Les enseño disciplina porque quiero lo mejor para ellos y porque pienso que les puede ayudar a ser más felices en la vida. Saben que la disciplina puede ser difícil y que cuesta, pero que siempre termina dando más a cambio de lo que hay que ofrecer de entrada.

Y la tercera respuesta es que la disciplina se puede usar mal para un buen fin, pero también puede usarse bien para un mal fin. Por ejemplo, en mi caso mi disciplina está al servicio de Dios, de mi familia, de la gente a la que ayudo y de mí mismo. Así, me permite ser mejor en todas esas áreas imprescindibles para la vida, pero… podría ser de otro modo. Podría poner a trabajar mi disciplina al servicio de la acumulación de dinero sin freno, podría usarla para aumentar de forma más rápida el número de seguidores en las redes sociales y ser muy famoso, o podría usarla para maltratar mi cuerpo con rutinas extremas de entrenamiento y dietas aberrantes con el fin de presentar y exhibir un físico que dejase a la gente con la boca abierta, o incluso podría usar una aparente disciplina para trabajar quince horas al día con el fin de retrasar la hora de vuelta a casa y no enfrentarme a un matrimonio que hace aguas o a una soledad que ya comienza a ser insoportable. Pero… nada de esto me haría ser más feliz. Como se repite varias veces en el Eclesiastés, eso es «vanidad y aflicción de espíritu». Porque es así, la disciplina también puede ser vana y vacía o estar al servicio de cosas vanas y vacías. La disciplina es como un coche, uno muy bonito y poderoso que puede llevarte, por ejemplo, a un buen restaurante o a una preciosa librería, o puede llevarte al barrio más peligroso y criminal del país. Tú conduces, tú manejas el volante. No le eches la culpa al coche.

Por estas y otras razones, quizá haya personas disciplinadas, en apariencia, que no son felices.

El fin no es la disciplina por la disciplina, sino la disciplina por lo que puede ayudarte a conseguir.

La disciplina debe ejercerse con sentido y con dirección. Tiene que apuntar a algo. Ese algo debe merecer la pena y no se me ocurre nada mejor que la felicidad. La pregunta que tienes que hacerte es: ¿cómo podría ayudarme la disciplina a vivir mejor, tener una vida mejor y ser más feliz? Estoy convencido de que no te costará encontrarle una utilidad insustituible por otras virtudes. Pienso en mi vida actual y veo la disciplina como un denominador común de todas las cosas buenas que disfruto hoy en día. Pero es que también pienso en los peores momentos de mi vida y veo como denominador común la falta total e irresponsable de disciplina.

Gracias a la disciplina he conseguido muchísimas cosas buenas, pero el vértigo asoma cuando pienso en todo lo bueno que he dejado de vivir por culpa de mi antigua indisciplina. ¿Dónde estaría hoy de haber comenzado antes a ser más disciplinado? Solo Dios lo sabe. Lo único que sé es que todo habría terminado siendo peor sin ella. No tengo la menor duda. Porque uno nunca sabe cuán profundo puede llegar a caer. Yo he visto abrirse nuevos infiernos bajo lo que creía que eran los últimos y definitivos. La disciplina es la red última de seguridad, aquello capaz de remontar cualquier vida para llevarla a lugares mejores.

Pero recuérdalo: no es un fin, sino un medio.

REGLA N.º 11

La disciplina no es hacer cosas que no quieres hacer

Este es uno de los principales prejuicios sobre la disciplina porque parte, en mi opinión, de una premisa equivocada sobre la vida, que conviene matizar.

A la mayoría de las personas en algún momento se nos ha castigado, en casa o en el colegio, obligándonos a hacer algo desagradable o prohibiéndonos lo que nos gustaba, con la excusa de disciplinarnos. Después de una trastada, una asignatura suspendida o de hablar sin cesar en clase, nos obligaban a repetir doscientas veces por escrito «No volveré a hablar sin permiso en clase», o nos prohibían ver la televisión en casa. Así que es normal que aborreciésemos el término «disciplina». Pero eso no es disciplinar, sino castigar. En cualquier caso, ¿sirve para disciplinar? Pues quizá sí, pero la cuestión es si no hay otra forma de hacerlo que no provoque una enemistad con el mismo concepto. Quizá sería mejor convencernos de las ventajas que proporciona la disciplina para tener una vida mejor, o mostrar los efectos terribles que puede causar la indisciplina. Dice el refrán que «la letra con sangre entra», y desde luego que entra, otra cosa es que sea la mejor manera. Para mí, no lo es.

Para mí, la disciplina es mi amiga, no alguien desagradable de quien obtener ayuda muy a mi pesar.

Volviendo al tema: la falsa idea, el prejuicio que quiero desmontar, es que todo irá bien y prosperarás si estás dispuesto a llevar una vida aburrida, terrible, en la que no podrás hacer lo que desees.

La disciplina no es la señorita Rottenmeier de *Heidi*.

Cualquier cosa que se consiga a base de vivir mal, terminará por ser aborrecida y detestada. Un amigo mío se estuvo torturando durante un año para tener un cuerpo musculado y con un nivel de grasa ínfimo. Después de lograrlo, estaba tan quemado y tan cansado, y se había perdido tantas cosas, que cuando se miraba al espejo odiaba lo que veía. También recuerdo a un cliente que tuvo una crisis existencial enorme cuando, con cincuenta y cinco años, fue consciente de que había dedicado toda su juventud a acumular riqueza y bienes materiales y no solo se había perdido la infancia y adolescencia de sus hijos, sino también el dedicar tiempo a sus aficiones, a su matrimonio y a la relación con sus padres. Se me heló la sangre cuando me dijo que una mañana se levantó a las cinco para ir a trabajar, se lavó la cara y se miró al espejo para descubrir aterrado que ya no era joven. «No me di cuenta, Joan. He empeñado mi vida y ahora me siento horriblemente vacío. Habría sido feliz con mucho menos, pero viviendo mejor».

Al final, pude ayudar a mi cliente para que superara ese terrible momento, pero fue muy duro.

Presta mucha atención a lo siguiente. En la vida hay que hacer solo dos tipos de cosas:

1. Las que te apetece hacer y son buenas para ti.

2. Las que quizá no te apetece hacer pero que, sin duda, te alegrarás de haberlas hecho.

En la vida hay que hacer solo dos tipos de cosas: las que te apetece hacer y son buenas para ti, y las que quizá no te apetece hacer pero que, sin duda, te alegrarás de haberlas hecho.

Y hay que intentar no hacer cosas de ningún otro tipo.

Por ejemplo, te puede apetecer beberte diez cervezas, pero ¿será conveniente para tu salud? No. Por tanto, como queda fuera de la primera categoría, no deberías hacerlo. ¿Quizá te apetece beberte una caña de vez en cuando? Genial, todos sabemos que es mejor beber agua, pero una cerveza fresquita alguna que otra vez es un placer que no te hará daño. ¿Te apetece comerte un litro de helado cada noche viendo una serie? Quizá sí, pero sabes que perjudicará tu salud y tu aspecto físico; sin embargo, podrías comerte de vez en cuando un par de bolas de helado, por ejemplo. ¿Te apetece no ir a trabajar en toda la semana aun sin tener vacaciones? Claro, a todos nos pasa, pero no será bueno para ti y tu futuro, te echarán con razón y lo que vendrá después será peor que acudir al trabajo esa semana.

Dentro de la primera categoría también entran ese tipo de acciones que quieres realizar, que son buenas para ti, pero que por algún motivo decides no llevar a cabo. Por ejemplo, imagina que quieres apuntarte a bailes de salón, pero renuncias a ello por miedo a no hacerlo bien. O imagina que quieres tener una conversación con tu pareja sobre un tema que te duele y eliges no hacerlo por miedo a que genere una agria discusión. Imagina también que decides dejar un trabajo que odias, pero desistes porque crees que tu entorno lo censurará. Si quieres hacer cualquiera de todas esas cosas y es bueno para ti y no causa un daño innecesario a los demás, ¿por qué carajo no hacerlas? Tienes todo el derecho del mundo y tu vida debería estar colmada de acciones de este tipo.

Y luego tenemos lo que entra en la categoría número dos. El ejemplo más claro lo encuentro en el hecho de fregar los platos, ya que a casi nadie le gusta, pero todo el mundo se siente satisfecho al terminar de fregarlos y verlos ahí, secándose, bien colocaditos. Es más, a todos nos gusta ir a buscar un plato o un vaso a la cocina y encontrarlo limpio y seco, sin necesidad de ponerse a lavar algo que nos hubiese encantado encontrar ya listo para ser usado, ¿verdad?

Otro ejemplo evidente lo encontramos a última hora de la noche, antes de meternos en la cama tras un día largo y agotador. Ahí se nos presentan dos opciones. La primera, acostarnos. La segunda, postergar por unos minutos ese momento y preparar las cosas para el día siguiente. La ropa, la bolsa del trabajo, etcétera. En realidad, es un incordio preparar todo eso cuando tienes la cama tan cerca, pero… ¿qué me dices de la sensación que te produce por la mañana el hecho de ver que todo está preparado para comenzar el día? Es un detalle que tienes con tu yo del día de mañana, como si le dijeses: «Tranquilo, cuando despiertes, todo estará listo, yo me encargo». Como suelo decir, solo hay dos tipos de personas: las que justo antes de irse a dormir dejan las zapatillas con la puntera hacia la cama y las que las dejan en dirección opuesta para no tener que darles la vuelta cuando se despierten. ¿Cómo las dejas tú?

REGLA N.º 12

La disciplina es una amiga agradecida

Para terminar esta primera parte del libro dedicada a desmontar los prejuicios y mitos relacionados con la disciplina, nos centraremos en la siguiente excusa: «Es que voy a tardar mucho tiempo en ver los beneficios de la disciplina en mi vida».

Bien, sin ánimo de ofender, esto solo se puede decir desde fuera de la disciplina, desde el desconocimiento. Escúchame (o léeme) con atención: no es que el beneficio de la disciplina sea rápido, ¡es que es inmediato!

«Haz lo que debas aunque no te apetezca; te sentirás mejor después», me repetía Sam, el primer jefe que tuve, a mis dieciséis años. Tenía razón. Cuando hacía lo debido, al momento me sentía mejor. Cuando no lo hacía, me sentía peor. No voy a venderte la moto, cuando no haces lo debido sientes un intenso placer travieso, pero no dura, y pronto da paso al arrepentimiento, los remordimientos, la culpa y la bajada de la autoestima y de la autoconfianza. Por otra parte, podemos sentir una gran resistencia a hacer lo debido y que esta se transforme en un profundo malestar. Pero, de nuevo, esta sensación no durará mucho y pronto dará paso a la calma, la buena conciencia y la subida de autoestima y autoconfianza que se desprende al hacer lo que era necesario, aunque costase mucho o no nos apeteciese nada llevarlo a cabo.

Haz lo que debas aunque no te apetezca; te sentirás mejor después.

¿Significa esto que si eres disciplinado llegará un momento en el que no aparezcan nuevos problemas? No, esto es la vida, amigo mío. Nadie puede prometer eso. Solo significa que llegará un momento en el que tengas mucha más paz en tu vida porque no habrás ido acumulando caos sin atender. Cuando ese día llegue, solo tendrás que mantener esa paz e ir lidiando con los problemas que vayan surgiendo. Además, una persona disciplinada acaba teniendo menos problemas a lo largo de su vida porque los problemas se generan, en un porcentaje elevadísimo, precisamente por culpa de la indisciplina.

Hace bastante tiempo conocí a una persona a la que le encantaba tener la casa limpia y ordenada. Fueras cuando fueses, siempre estaba todo en un estado espectacular. Mientras tomábamos un café no pude contenerme más y le pregunté: «¿Cómo cuernos lo haces para tener la casa siempre así? ¿Te pasas todo el día limpiando o qué?». Su carcajada reverberó en toda la sala de estar. Me respondió: «Joan, tú sabes que trabajo y soy una persona bastante ocupada. Ya imaginas que no estoy limpiando todo el día. Tampoco viene nadie a limpiarme la casa». Era cierto. Pese a ello, insistí: «Vale, pero no me has respondido, ¿cómo lo haces?». Entonces entornó los ojos, dio un sorbo a su café, se inclinó levemente hacia mí sin apartar su mirada de la mía como si estuviese a punto de desvelarme uno los secretos más grandes de la creación y me dijo: «La casa está tan limpia y ordenada porque intento no ensuciarla ni desordenarla».

Tras decir eso, soltó una carcajada aún mayor que la anterior.

Estuve pensando en esa frase durante semanas porque, en realidad, sí me desveló un gran secreto, un increíble consejo y una maravillosa lección para la vida: hay más suciedad por ensuciar que por no limpiar, hay más desorden por desordenar que por no ordenar.

¿Quieres pocos problemas en tu vida? Intenta no crearlos. Si te ves cada dos por tres solucionando problemas es que algo no va bien. Una vez una persona me dijo: «Seguro que no conoces a nadie que pida perdón tantas veces como yo». A lo que respondí asombrado: «Lo dices como algo bueno cuando es justo tu principal problema».

Voy a finalizar con una historia personal.

Hay algo que no soporto y es que me toquen las narices. Por eso procuro no tocárselas yo a los demás, de forma que nunca doy problemas a nadie. Dejo vivir y procuro que me dejen vivir.

No obstante, sí hay una persona a la que he tocado muchísimo las narices y a la que le he causado una cantidad obscena de problemas durante casi dos décadas: YO MISMO. ¿Cómo? Con mi indisciplina. Sin ella me habría ahorrado el 90 por ciento de los problemas que he tenido en mi vida. Y quizá me esté quedando corto. Coincide a la perfección: cuanta más disciplina, menos caos. Cuanto menos caos, más orden. Cuanto más orden, menos problemas. Cuantos menos problemas, más paz.

Hemos comprobado aquí que es fácil desvirtuar la disciplina, ejercerla mal y terminar perdiendo más de lo que se gana. Para eso he escrito este libro. Para que aprendas a usarla bien y puedas disfrutar lo que yo llevo tantos años disfrutando. Porque la disciplina es como un cuchillo afiladísimo con el que te puedes cortar una mano o preparar un plato riquísimo. Depende de cómo lo manejes.

A partir de aquí comienza la segunda parte del libro, con todos los consejos prácticos que conozco y he probado, tanto en mí como en mis clientes, con el fin de lograr ser una persona más disciplinada, para siempre.

SEGUNDA PARTE

CÓMO SER DISCIPLINADO

REGLA N.º 13

Haz lo que es debido, te guste o no, te cueste o no

Esta es la quintaesencia de la disciplina. Todo pasa por aquí. Nuestra vida transcurre luchando entre hacer lo que es debido o no hacerlo. Del resultado de esta lucha, uno termina en el caos o el orden. En el infierno o el cielo. En la guerra o la paz.

Puede parecer, por la sencillez de esta regla, que es una cuestión fácil de resolver, pero nada más lejos de la realidad. Se trata, por el contrario, de la más difícil de atender de todas. Pues no hay nada más difícil que hacer lo debido.

Es muchísimo más fácil comerse un trozo más de pastel que no hacerlo, beberse una copa más que no tomarla, apagar el despertador que levantarse en cuanto suena, gastar que ahorrar, procrastinar con el teléfono que no hacerlo, mirar la tele en lugar de estudiar, no moverse del sofá que hacer ejercicio o, entre innumerables ejemplos más, no regar las flores que hacerlo.

A esto hay que añadir un matiz: hay que hacer lo que es debido cuando es debido.

Porque la vida es lo suficientemente amplia como para poder comerte dos trozos de pastel, remolonear en la cama alguna vez, hacer un gasto extra por un motivo especial o fundirse con el sofá durante un maratón de la trilogía de *El señor de los anillos*. Yo hago todas esas cosas (y más) y me considero una persona enormemente disciplinada. La clave está en que las hago cuando son la mejor opción, es decir, cuando es debido. Porque, en efecto, a veces lo debido es apagar el despertador y dormir una hora más, comerse tranquilo otra porción de pastel o mirar la tele en vez de coger un libro.

Hace dos días iba a levantarme a las seis de la mañana para escribir, pero pasé una noche de perros por culpa del calor y apenas dormí dos o tres horas. ¿Qué debía hacer? Eso es lo que me pregunté en cuanto sonó el despertador. No me costó demasiado descubrirlo: me volví a dormir, me desperté a las siete y media y entonces sí: me puse a escribir.

¿Por qué? ¿Qué pensé exactamente? ¿No habría sido más disciplinado si me hubiese levantado? Mi diálogo mental discurrió así: «Vaya noche, ¿estoy en condiciones de escribir? ¿No sería más inteligente intentar dormir un poco más? Si me levanto ahora, con toda probabilidad a las nueve ya habré agotado las pilas. Si descanso un poco más, quizá pueda escribir a buen ritmo hasta las once o las doce. Por otro lado, temo que la calidad del texto se resienta si me pongo a escribir ya. Voy a ver si duermo un poco más».

Me volví a dormir, me desperté al cabo de una hora y media, me di una ducha, me tomé un café y me puse a escribir. Me costó bastante y me atascaba continuamente en algunos párrafos. Llegué hasta las once con mucho esfuerzo. Cuando terminé, no pude evitar pensar: «¿Y quería despertarme a las seis? Si me está costando así… He hecho bien durmiendo ese rato más». En este caso, hacer lo debido iba, en apariencia, contra la disciplina. Es curioso pero es así: a veces hay que ser disciplinado para no hacer nada. Lo más fácil en esa situación habría sido levantarme. Lo digo con sinceridad. Me costó más aceptar que debía seguir durmiendo. Me molestó «perder»

Hay que hacer lo que es debido cuando es debido.

ese rato en la cama y no poder adelantar el libro. Pero es que la disciplina sin inteligencia no vale nada. Hice más que bien.

Sin embargo, no basta con descubrir qué es lo que se debe hacer. Además, hay que hacerlo. Y eso es lo más difícil.

La vida nos empuja todo el tiempo por un camino lleno de elecciones y decisiones que tomar. Es un camino que se ramifica en cientos de variantes, muchas veces al día. No somos conscientes de lo que esto significa, pero nuestras decisiones y elecciones generan una concatenación de sucesos causa-efecto imprescindibles para que la vida sea tal y como es. Párate a pensar en la importancia, el peso y el poder de esto: observa tu vida, tu situación actual, este momento. Te encuentras aquí, leyendo estas palabras como resultado de TODAS las elecciones que has tomado en tu vida. Todo ha sido necesario para traerte hasta aquí, de forma que, si cambiases una sola de las secuencias causa-efecto del pasado, muy probablemente no estarías ahora, en este mismo segundo, leyendo esto. Siempre digo que es muy osado pensar que si pudiésemos cambiar algo del pasado, todo sería mejor hoy en día. Pero no lo sabemos. Podría ser incluso peor, y más viendo que ciertos errores o sufrimientos son esenciales para el desarrollo del individuo. Debes darle una importancia vital a tus decisiones, a las elecciones que tomas, porque tienen un peso crucial. Cada vez que eliges una opción en lugar de otra, tu futuro cambia, quizá de forma radical. Debes aprender a decidir y a elegir bien, y la mejor decisión siempre es aquella en la que se opta por hacer lo que es debido cuando es debido, tanto si nos apetece como si no. Punto. No hay más.

Me niego a aceptar la idea de que uno no puede saber lo que debe hacer. Los errores son más conscientes de lo que nos gustaría asumir. Los desvíos del camino son voluntarios. Somos traviesos y poco confiables, y nos desviamos con frecuencia por propia elección. Sabemos, por norma, lo que tenemos que hacer, pero optamos por no atender la resolución correcta al dilema. Finalmente, tomamos el camino que más nos tienta y no siempre el que resultaría mejor para nosotros y nuestro futuro. Nuestro drama no es que no sepamos distinguir entre lo que queremos y lo que necesitamos, nuestra tragedia es que, aun sabiéndolo, optamos demasiadas veces por lo que queremos en lugar de por lo que necesitamos.

¿Cómo se arregla esto? Con compromiso. Un compromiso contigo y tu futuro. Por tu bien, tu prosperidad y tu felicidad. Recuerdo ahora todas las veces que llegué a cero en mi cuenta corriente (y más allá, cuando los números aparecen en rojo) y lo muy decepcionado que me sentí conmigo mismo, en concreto con mi yo del pasado. Lo acusaba señalándolo con el dedo y diciéndole: «Mira dónde me tienes ahora, me has jodido bien, muchas gracias». Hoy decides dónde y cómo vivirás mañana. Mañana vivirás en lo que procuraste hoy. Y así, día tras día.

Puede que aún tengas una resistencia al respecto, con el argumento de que, aun aceptando lo que digo, es muy difícil averiguar qué es lo mejor en cada momento, cuál es la mejor opción. No es esto lo que quiero decir, porque creo que ni siquiera es necesario. Me explico. En efecto, es muy difícil estar seguros de que tomamos la mejor opción, de que llevamos a cabo la mejor elección posible entre todas las que existen, porque no tenemos ese grado de omnisciencia. Pero aquí hay dos cuestiones importantes que aclarar. La primera es que una vida no se tuerce porque no elijamos la mejor opción del mundo cada vez o porque no sepamos verla, una vida se desvía porque elegimos las opciones malas en lugar de las buenas. No necesitas ser perfecto, necesitas detener el flujo de las malas elecciones. Y la segunda cuestión importante es que no te puedes exigir conocer todas las opciones que podrían existir, sino elegir la mejor posible de entre todas las que buenamente puedas pensar. Con eso sería más que suficiente. No evitarías alguna que otra equivocación o error, pero, al final, tendrías siempre la sensación inequívoca de haber hecho lo que podías y sabías con lo que tenías.

Hace un tiempo tuve que tomar una decisión muy importante. Pensé en las opciones que tenía a mi alcance y me decanté por una, la que yo consideré la mejor de todas. Una, además, bastante difícil. La opción que elegí no terminó de ir todo lo bien que yo creía, pero no perdí ni un ápice de mi paz interior. Me dije: «Bueno, tomé la mejor decisión que pude, no ha sido suficiente, pero si volviese atrás, sin saber lo que sé ahora, volvería a tomar la misma. En todo caso, esto me sirve para aumentar mi experiencia y, a su vez, las opciones entre las que elegir si en el futuro vuelvo a enfrentarme a algo parecido». Como bien decía David Foster Wallace: «Si quiero ser adulto, tengo que elegir, lamentar los descartes e intentar vivir con ello». Y aprender, claro.

Te diría que la práctica totalidad de mis clientes acuden a mí porque, o bien tienen que afrontar un dilema y necesitan que les ayude a descubrir qué deben hacer, o bien están pasándolo mal por los efectos de no haber hecho lo que debían.

Hay dos diálogos repetidos una y otra vez en mi despacho. El primero:

—¿Por qué hiciste eso?

—No lo sé, Joan.

—¿De verdad no sabías lo que hacías?

—Bueno, la verdad es que sí, pero…

Y el segundo:

—No sé qué hacer, Joan. No sé qué decisión tomar.

—¿De verdad no lo sabes?

—Bueno, sí lo sé, pero…

—… pero no te atreves o no quieres hacerlo.

—Eso es…

No pasa nada, en esa situación nos hemos visto todos. Yo el primero. Pero que la mejor decisión resulte muy costosa o difícil no impide que sea la mejor opción. Solo debes recordar siempre la gran regla: hay que hacer lo debido, te guste o no, te cueste o no hacerlo.

Comienza hoy, ahora. Cada vez que te enfrentes a una decisión o tengas que elegir qué hacer, pregúntate: ¿qué es lo que debo hacer? ¿Qué es lo que tengo que hacer? ¿Qué es lo que mañana me gustará haber hecho hoy? ¿Qué es lo que necesito hacer?

Cuando lo tengas todo lo claro que buenamente se pueda tener, llévalo a cabo. Hazlo. Sin dudar. Estarás haciéndote el mejor favor posible, será lo mejor para ti, para tu futuro y para los tuyos.

REGLA N.º 14

Sé una persona con valores y principios

Uno de los capítulos que más marcó a los lectores de mi primer libro, *Nunca renuncies a ser feliz*, fue el dedicado a los valores y principios. No me sorprendió en absoluto. Porque sin unos valores morales adecuados en los que confiar, ni unos principios éticos con los que obrar, es IMPOSIBLE vivir una vida virtuosa o, lo que es lo mismo, una buena vida.

Debo decir que quizá eso no termine aportándote lo que deseas, porque no todo depende de ti. Pero seguro que una vida virtuosa impedirá que sufras más de lo debido, como también es seguro que evitará todos los problemas que tú mismo puedas causarte. Si lo consiguieras, sería difícil llamar a eso «una mala vida».

Por ello es tan importante la virtud. Porque representa el ideal de una vida bien vivida. Y eso sí depende solo de nosotros.

Volvamos al tema de los valores y principios. La pregunta más pertinente y la que más me hacen cuando pongo esta cuestión sobre la mesa es la siguiente: ¿qué son los valores?

No es una pregunta fácil, pero intentaré dar la mejor respuesta: en términos semánticos, los valores morales son conceptos que representan y describen el comportamiento o conducta moral de una persona. Estos valores proporcionan un marco de referencia descriptivo de las acciones de cada individuo. Así, de una persona que, por ejemplo, suele decir la verdad, diremos que es una persona que tiene los valores de la honestidad y la sinceridad, o sea, que es honesta y sincera. Si una persona ayuda a los demás, diremos que tiene los valores de la generosidad y la solidaridad, o sea, que es generosa y solidaria. También suelo incluir en la definición conceptos que quizá no sean exactamente valores, pero que sí agrupan muchos valores. Un ejemplo es la felicidad, pues una persona feliz se comportará siempre con fortaleza, bondad, humildad, paciencia... Es decir: será fuerte, bondadosa, humilde, paciente, y representará esos valores morales.

Para ponerte más ejemplos, estos son algunos valores morales positivos: la bondad, la humildad, la generosidad, el respeto, la misericordia, la valentía, la fortaleza, la empatía, la honestidad, la sinceridad, la responsabilidad, la confianza, la justicia, la integridad, la dignidad, el compañerismo...

Para que tu vida tenga una guía, algo importante que te diga por dónde debes ir, qué debes hacer y qué no, necesitas elegir de modo intencionado una serie de valores que signifiquen algo sagrado para ti, por los que valga la pena vivir y también sufrir. Y, si puede ser, que corrijan lo peor de ti. ¿Has sufrido por la falta de disciplina? Establécela como uno de tus nuevos valores que seguir. ¿Te has metido en problemas por mentir demasiado? Pon la sinceridad como tu prioridad número uno. ¿Evitas, por norma, situaciones que te dan miedo y deberías afrontar? Haz de la valentía tu brújula a partir de ahora.

En mi anterior libro ofrecí una explicación sobre cómo descubrir y establecer una escala de valores. El ejercicio era el siguiente:

> Coge un papel y bolígrafo. Colócalo apaisado y anota todo lo que es importante para ti. Por ejemplo, la amistad, el amor, la bondad, la justicia, el ocio, la riqueza, el éxito, la aventura, viajar, la fe, la política, la estética, el deporte, la salud, el fútbol, la petanca, el ganchillo, la cocina casera del sur de Polonia, los gatos con rayas en el lomo, etcétera. Da igual, lo que sea. No lo ordenes, nos ocuparemos de eso más tarde. Llena toda la página. Esparce la información. Debería haber, al menos, unos veinte valores. Sé sincero. No tiene sentido que escribas una lista de valores «bonitos». No la presentaremos a ningún concurso. Esta es la pregunta que debes plantearte en todo momento: «¿Qué es lo más importante para mí?» o «¿Qué quiero que sea lo más importante para mí?». El siguiente paso es buscar los cinco valores más significativos. Los más destacados para ti. No se trata de eliminar ninguno, sino de encontrar los cinco vitales. Los imprescindibles. Este paso puede llevarte más tiempo. Lo ideal es que lo hagas durante una semana. A medida que pasen los días lo verás más claro. Por último, enuméralos según su importancia. Su prioridad. Es crucial. Hay que hacerlo sí o sí. ¿Por qué? Porque las decisiones más difíciles de la vida aparecen cuando dos valores importantes entran en conflicto.

Esto debería ser suficiente para que te pongas manos a la obra. Si aún tienes dudas, digamos que para acertar de lleno con este ejercicio tendrías que completar la siguiente oración: «Para que mi vida tenga más sentido, más coherencia y se encuentre tan llena de significado como para luchar por ella y soportar lo que pueda venir, elijo los siguientes valores y en el siguiente orden para que me mantengan en el camino correcto: ______________________________

______________________________________».

VALORES

↓

PRINCIPIOS

↓

ACTOS

↓

VIRTUD

Y ahí escribes los valores que consideres. Yo pondría entre tres y cinco, no más. Quien mucho abarca poco aprieta, ya sabes.

Supongo que ahora ya lo tienes claro. Pero ¿qué son los principios?

Los principios son, simplificando, una serie de normas y reglas prácticas que emanan de los valores. Por ejemplo, del valor de la bondad emana el siguiente principio cristiano: «Amarás al prójimo como a ti mismo»; y del valor de la valentía emana el principio siguiente: «Me enfrentaré a aquello que temo sin dilación aunque el miedo me invada».

Cuando pensamos en una persona con principios nos viene a la mente alguien que no se anda con medias tintas. Alguien que anda muy recto por la vida. Alguien que tiene muy claro qué está dispuesto a hacer y qué no, qué cosas puede tolerar y cuáles no. Y, por supuesto, pensamos en alguien a quien es muy difícil pisar, torcer o corromper.

Esto es de extrema importancia porque sin los principios, sin los actos, los valores quedan reducidos a un marco teórico. Si dices que sigues valores y no tienes actos que lo demuestren…, no tienes nada. Como mucho, un discursito. Al final, lo que más pesa son las acciones. Y para mejorar, pulir y depurar esas acciones necesitamos los principios. Las reglas. Las normas.

A la larga, tu paz depende de tus actos, no de los actos de los demás. Hace tiempo leí que la mayoría de los diagnósticos por estrés postraumático en soldados, después de entrar en combate, venía provocado no por lo que les habían hecho, sino por lo que ellos le habían hecho a otras personas.

Lo entenderás mejor cuando pienses en si te duele más el mal que te han hecho o el mal que tú has causado a los demás. Yo, al menos, no tengo duda: prefiero ser herido a herir.

Los principios son el puente entre los valores y la virtud. Son el camino hacia el arte de vivir bien la vida. Son las normas que dictan cómo debes actuar. Son la práctica de la teoría. Lo que separa el grano de la paja.

La secuencia final quedaría de la siguiente manera:

VALORES → PRINCIPIOS → ACTOS → VIRTUD

Sé una persona con valores y principios. Sé una persona que vive en la virtud. Si lo haces, nada ni nadie podrá arrebatarte tu paz interior y podrás soportar con mucha más entereza las dificultades, los dolores y el sufrimiento natural de la vida.

REGLA N.º 15

Si no te sabes sacrificar, no sabes vivir

Tendría unos veinte años y estaba más que harto de trabajar en la tapicería familiar. Comenzaba a asumir la idea de heredar el taller y quedarme allí hasta el día de mi jubilación. Justo empezaba mi vida adulta y ya podía hacerme una idea más o menos exacta de cómo iban a ser los siguientes cuarenta y cinco años. Me imaginaba haciéndome viejo en aquel local, viendo nacer arrugas y canas, y perdiendo el pelo. Veía a mi padre aborrecer ese empleo y a mi madre siempre luchando por conseguir algún pedido. Encima, cuando lo conseguía, al entregarlo nunca pagaban con puntualidad, era indignante. A veces, descubría a mis padres llorando a escondidas, los veía pasarlo tan mal que la sola idea de aceptar que yo iba a ser el siguiente en heredar eso me provocaba taquicardias. Pero no tenía ni idea de lo que podría hacer al respecto para evitarlo.

Un día me encontré con un amigo que me animó a presentarme a las pruebas para ingresar en la Policía Local. No tenía ninguna esperanza, pero me lo tomé como quien echa una primitiva. «¿Y si toca?», pensé. Así que completé la instancia y me presenté.

No disponía de dinero ni de tiempo para ir a una academia a preparar las pruebas, porque había que pagar una hipoteca y atender un trabajo. No tenía ni un céntimo ahorrado ni la posibilidad de contratar a un entrenador para superar la baja forma en la que me encontraba entonces. Y el temario de estudio era un ladrillo de fotocopias que mi amigo me prestó con una frase desalentadora: «No sé si te servirá para las pruebas de este año, pero esto es todo lo que tengo».

Contaba con unos diez meses para preparar las pruebas físicas y todo el apartado teórico. Tocaba organizarse.

Mi plan, de lunes a viernes, consistió en lo siguiente:

De 6.00 h a 7.30 h: Entrenar.

De 7.30 h a 13.00 h: Ir al taller a trabajar.

De 13.00 h a 14.00 h: Ir a nadar.

De 14.00 h a 15.00 h: Comer y descansar quince minutos.

De 15.00 h a 18.30 h: Ir al taller a trabajar.

De 18.30 h a 19.30 h: Ir a entrenar de nuevo.

De 19.30 h a 21.30 h: Ducha, cena y descansar un rato.

De 21.30 h hasta que me daba el cuerpo: Estudiar.

Normalmente, estudiaba hasta las dos de la madrugada. El fin de semana me despertaba un poco más tarde y me pasaba la mañana entera estudiando. Dormía una siesta considerable y después continuaba estudiando hasta la noche.

Una locura. Lo sé bien. Ahora buscaría otra forma de hacerlo y, sobre todo, jamás aconsejaría a un cliente que hiciese algo así. Fue un sacrificio brutal. Tremendo. Acabé tan quemado que me prometí que si no superaba las pruebas a la primera no me volvería a presentar en mi vida.

Pero funcionó.

Entré en la Policía Local. Y al cabo de poco más de un año, ya estaba ejerciendo. Había dejado el taller atrás, para siempre. Sin embargo, pasado el siguiente año dejé mi plaza porque también acabé hartísimo de ese trabajo. Me ofrecieron otro distinto y acepté. Un tiempo después me hice empresario y poco a poco llegué hasta donde estoy ahora. Menudo viaje, ¿eh?

Lo de la Policía Local no funcionó, pero puso a andar la máquina del cambio. Y ese gran sacrificio que hice para superar las pruebas de acceso fue la clave. Durante el tiempo que estuve preparándome tuve que dejar muchas cosas de lado. El tiempo en pareja se redujo. El sueño también. Apenas podía ver películas y la PlayStation no la encendí nunca. Casi no veía a mis amigos y me dolía todo, desde los pies hasta los ojos, constantemente.

Pero, pese a ello, valió la pena. ¿Por qué? Porque lo que quería alcanzar no era posible sin un sacrificio de esa envergadura, vistas las circunstancias que rodeaban mi vida. Cuánto me alegro de haberlo hecho.

Entendí que el sacrificio es, con toda seguridad, la moneda de cambio más potente del mundo. Entendí que, con el sacrificio adecuado, podría llegar a lugares impensables. Hoy mismo le decía a mi hija que de niño jamás habría imaginado llegar a ser escritor. Ella, asombrada, me ha preguntado:

—¿Y cómo lo has conseguido?

—Sacrificándome, cariño —le he contestado.

Creo que, si estás pasando por un mal momento, lo mejor que puedes preguntarte es qué sacrificio podrías llevar a cabo que contenga un potencial notable para cambiar tu vida. Y si lo encuentras, lánzate de cabeza mientras lo que esté por alcanzar sea mayor o más importante que lo que vas a sacrificar.

No te arrepentirás aunque finalmente no consigas lo que te habías propuesto. Porque, si eso pasa, si el fracaso llega, al acabar el día podrás mirarte con orgullo al espejo y decir algo que no mucha gente puede decir: «Lo he dado todo». Y esa noche, pese al dolor, dormirás en paz.

Honor para los que conocen el fracaso, pues se atrevieron y perseveraron donde la mayoría ni se acercó.

Cuanto mayor sea el sacrificio, mayor será lo que podamos conseguir a cambio. Fin.

El sacrificio es, para mí, el epítome de la disciplina. Porque no solo es escoger una opción difícil y valiente, sino que conlleva, además, la entrega de cosas que ya has conseguido o posees. Los buenos padres entregan su juventud, su tiempo y quizá hasta algunos de sus sueños para cuidar de sus hijos. El emprendedor entrega su tiempo y su dinero para levantar una empresa de la nada. El obrero entrega, día tras día, su energía e interminables horas para prosperar durante medio siglo. La mayoría de las familias pagan durante treinta años una hipoteca para poder tener algo que dejar a los que vienen detrás. El soldado expone y arriesga su vida para proteger la de personas que ni conoce. Y como estos, mil ejemplos más. La cuestión es que lo que se consigue con este tipo de sacrificios, normalmente no se puede conseguir de otra forma, al menos no de una forma ética y moral. Pero ni aun así uno está exento de sacrificar algo importante, pues hasta el criminal corre el riesgo de ser atrapado y terminar pasando muchos años entre rejas.

La vida nos empuja al sacrificio. Nos corresponde aceptarlo y asumir los sacrificios correctos y de mayor impacto.

Cuanto mayor sea el sacrificio, mayor será lo que podamos conseguir a cambio. Fin.

Hace un año tomé la decisión de irme a trabajar a casa. Hasta ese momento yo tenía un centro para trabajar donde se desarrollaban diversas actividades. El negocio era muy rentable, pero requería de mi presencia. Es lo que tiene ser tu propia marca, que por muy bien que te lo montes… tienes que estar ahí un tiempo mínimo. Un día me di la vuelta y vi que mi hijo mayor ya iba al instituto y que la pequeña andaba cerca del metro y medio de estatura. Mi primer pensamiento fue: «Quiero irme a casa a estar con ellos». Pero, claro, para eso tenía que sacrificar un negocio que llevaba quince años funcionando la mar de bien. Hice números, tracé un plan y en tres meses cerré. Dejé un negocio rentable a cambio de poder estar con mis hijos mientras aún son pequeños y siguen deseosos de pasar tiempo conmigo. Fue el mejor sacrificio de mi vida.

Quien se sabe sacrificar, sabe vivir.

REGLA N.º 16

No confundas cansancio con pereza ni pereza con cansancio

El cansancio se respeta. La pereza, no.

La pereza es básicamente la decisión de no hacer aquello que podríamos y deberíamos estar haciendo. Es el suelo sucio que no se quiere barrer aun teniendo la escoba a mano y el tiempo suficiente como para barrerlo. Es la bolsa pútrida de basura que ya apesta y a la que le echas medio bote de ambientador en lugar de sacarla a la calle. Es la papelera que rebosa pero aprietas con el pie una y otra vez para no tener que vaciarla. Es el cubo colmado de la ropa sucia cuya tapa ya no cierra.

La pereza es uno de los mejores antónimos de la disciplina.

Uno que todos conocemos. Yo, el primero. Más de una vez me incluyeron ese defecto en mi boletín de notas del colegio. «Es demasiado vago». Así, sin adornos. Ahora, con la edad, pienso en lo harta que debía de estar mi profesora para atreverse a escribir algo así para que mis padres lo leyesen.

Ahora, ¿tenía razón? Claro que sí.

Yo no hacía caso. No prestaba atención en clase y cada dos por tres me dejaba los libros y cuadernos en casa porque me daba un palo terrible meterlos en la mochila cuando me acordaba. También era de esos que nunca llevaban lo que se pedía para hacer ciertos proyectos. «Mañana tenéis que traer una cartulina, apuntadlo», decía la profesora, a lo que yo en mi cabeza le respondía: «Vaya pereza sacar ahora la agenda, madre mía». Así era.

Recuerdo que mi madre llegó a llevarme al médico por si estaba enfermo. Qué vergüenza pasé. En aquella época había un poco de alarma porque salieron por la tele unos cuantos casos de personas a las que, al parecer, les había picado la mosca tse-tsé y transmitido la «enfermedad del sueño». Así que mi madre pensaba que podía tenerla porque estaba todo el día cansado, tumbado o echándome siestas. Yo no estaba cansado ni me había picado nada. Yo era un vago. Tampoco dormía porque estuviese en edad de crecer, pues a los trece años tenía la estatura que tengo hoy en día; dormía porque casi todo me daba pereza. El médico se tronchó de la risa. Le dijo, en mi presencia, que lo que yo tenía era una vaguería impresionante. Diagnóstico que mi madre aprobó con un sentencioso: «Sí, es muy vago». Por fin, estábamos todos de acuerdo en algo. ¿Recuerdas al cantante Juan Perro, el que fue líder del grupo musical Radio Futura? Pues así me llamaba mi hermana para meterse conmigo: Juan Perro. Quién lo diría ahora, ¿eh?

Todo puede cambiar.

La cuestión es que yo tenía deseos y sueños, pero creía que llegarían porque sí. Pero, como se dice en Proverbios 13:4, «El alma del perezoso desea, y nada alcanza». Doy fe, siendo perezoso nunca alcancé nada, por mucho que desease.

Sin esfuerzo, nada que valga la pena valorar se logra. Presta atención a este desarrollo:

1. Todo lo que es interesante alcanzar merece un esfuerzo.

2. La pereza es el veneno del esfuerzo.

Conclusión: La pereza es el veneno de lo que nos podría resultar interesante alcanzar.

Pero, como reza el título de este capítulo, no hay que confundir pereza con cansancio… ni cansancio con pereza.

Ambos son malos y tienen remedios distintos.

Ante el cansancio, el antídoto es el descanso. Ante la pereza, la acción.

El ser humano es muy bueno haciendo dos cosas: mintiéndose y maltratándose. De forma que algunos cuando tienen pereza se engañan convenciéndose de que en realidad están cansados y otros, estando cansados de verdad, se maltratan tachándose de perezosos y prohibiéndose parar a descansar.

Curiosamente, ambas actitudes terminan igual: con la inacción. Unos por decisión propia y los otros por pura quemazón y agotamiento. Nada de eso tendría por qué suceder.

Me encanta entrenar, llevo casi veinte años haciéndolo, pero aun así hay días en los que pienso: «Qué pocas ganas de entrenar tengo, estoy muy cansado». Entonces, antes de decidir qué hacer, me pregunto: «¿Es cansancio o pereza?». Si es cierto que arrastro mucho cansancio físico, me salto la sesión y se acabó. Pero si es pereza, me empujo de inmediato a entrenar y el cien por cien de las veces, cuando termino, llego a esta conclusión: «Me alegro mucho de haber entrenado».

Siempre que notes que tu energía comienza a bajar, hazte la pregunta: «¿Estoy cansado o tengo pereza?». Si es cansancio de verdad, descansa. Aumenta, si puedes, una hora de sueño por la noche durante algún tiempo o introduce una pequeña siesta a mediodía. Intenta bajar también, en la medida de lo posible, tus niveles de estrés. Pero si es pereza, rebélate. Porque la pereza no se cura descansando, dado que la pereza

Ante el cansancio, el antídoto es el descanso. Ante la pereza, la acción.

no es cansancio, de igual modo que la sed no se sacia comiendo cortezas de cerdo.

Una vez, en una conferencia, uno de los asistentes tomó el turno de palabra:

—Joan, ¿tú qué haces cuando estás cansado?

—Te lo diré, pero antes dime tú qué haces cuando estás cansado —le pregunté, viéndolo venir.

—¿Yo? Me tomo un café doble. ¿Y tú?

—Yo, descanso.

Increíblemente, todo el mundo se echó a reír, como si hubiese sido la respuesta más ingeniosa del mundo. Me pareció grave, no gracioso.

Esto no quita que, en ocasiones, la urgencia o la necesidad puedan obligarnos a seguir en marcha, pese a sufrir de un cansancio real. Si es una cuestión puntual y muy esporádica, por un breve espacio de tiempo y aunque no sea bueno, podríamos considerarlo tolerable. Pero si es la tónica general, si lo común es que tu vida te empuje a seguir rindiendo, pese a estar de verdad agotado, lo que tienes que hacer es comenzar a pensar en una forma de dejar atrás ese estilo de vida. Porque, como he dicho antes, si no lo haces..., la vida lo hará por ti, y será mucho más drástica.

Desarrolla un asco profundo por la pereza. No consientas albergarla ni por un segundo dentro de ti. Es tu enemiga y odia tu grandeza.

Y si estás cansado, descansa. Con todo el merecimiento. Sin culpa alguna. A gusto, y con la conciencia limpia.

REGLA N.º 17

Busca siempre lo que es mejor hacer en cada momento

Yo también me dejé seducir en su día por la moda de la hiperproductividad. Me preguntaba, siempre que aparecía un momento libre, qué era lo más productivo que podía hacer a continuación. ¿Resultado? Acabé quemado.

¿Por qué? Porque no es la mejor pregunta que uno puede plantearse para decidir qué es lo mejor que uno puede hacer en un momento dado.

¿Y cuál es la mejor pregunta? Te lo diré, esta: ¿qué es lo mejor y lo debido que podría hacer a continuación?

Si se responde de manera adecuada, con responsabilidad pero sin tiranía, con sinceridad y compasión pero sin condescendencia, la respuesta aparecerá. Sin embargo, pese a las buenas intenciones, puede pasar que te equivoques con tu elección. Forma parte del proceso. Si esto sucede, analiza, recalcula y corrige.

Hacerse esta pregunta y responderla es uno de los mejores ejercicios que existen para mejorar la disciplina de cualquier persona. Muchos de mis clientes han adoptado esta técnica como método para vivir mejor. No lo infravalores.

Ahora, la cuestión es cómo decidir qué es lo mejor. Lo sé. La respuesta es: depende. Del momento, de las circunstancias y de las opciones.

Te pondré dos ejemplos para que te hagas una idea.

Yo suelo tener mucho trabajo, podría encerrarme en mi despacho, no salir en un mes y, aun así, seguiría teniendo trabajo por hacer. No importa cuánto haga porque siempre llega trabajo nuevo. Es decir, que al final de cada día quedan tareas por hacer. Y si no son cosas del trabajo, lo son de la casa, porque siempre hay alguna bombilla fundida, algún vaso suelto sin fregar o alguna parte del suelo que se podría volver a barrer. Podría considerar que lo siguiente mejor que hacer, al final del día, es ponerme a hacer estas cosas. Trabajo, obligaciones, compromisos, etcétera. Pero ¿es realmente lo mejor? Depende. A veces, sí, sobre todo cuando es algo importante. Ojo, he dicho «importante», no «pendiente» o «urgente», y como afirma un buen amigo: «En el fondo, nada es tan urgente salvo que alguien se esté ahogando». ¿Y si no hay nada importante pendiente por hacer? ¿Qué es lo mejor? De nuevo, depende. Si estoy muy cansado físicamente, lo mejor es irme a dormir. Si estoy agotado mentalmente, puede que lo mejor sea jugar a videojuegos con los niños o ver una película de Disney con toda la familia. Si estoy algo estresado, quizá lo mejor sea ponerme a leer o hacer una sesión larga de meditación. Me decido cuando pienso en lo que más necesito y lo que será mejor tanto para mí como para los míos.

No hay nada más disciplinado que hacer cada vez lo que es mejor hacer.

Sin embargo, debo aclarar que a veces lo mejor que se puede hacer es no hacer nada. Aquí va otro ejemplo. Por mi trabajo, tengo que estar presente en procesos de negociación o mediando en conflictos entre partes. Como imaginarás, las situaciones pueden resultar muy tensas. Se dicen y se hacen barbaridades con frecuencia. Entonces, suele suceder que mi cliente me llame o me envíe un mensaje como el siguiente:

No hay nada más disciplinado que hacer cada vez lo que es mejor hacer.

«Me he enterado de que Fulanito ha dicho esto y de que Menganito quiere hacer eso otro, ¿qué hago, Joan?». Mi respuesta casi siempre es esta: «Nada, no hagas nada. Espera». Con eso, soluciono el 99 por ciento de problemas de este tipo. No está nada mal, ¿eh? ¿Te parece fácil? No lo es. Es muy difícil no hacer nada, sobre todo cuando es lo más necesario.

Un último ejemplo. Me preguntan en incontables ocasiones al año cómo ser más creativo, qué hacer para tener más ideas, cómo ser «más genial». Mi primera y mejor respuesta es que lo mejor para eso es no hacer nada. Y es verdad, la mente ocupada es laboriosa y eficiente, pero no es creativa. Por ello, a la mayoría de las personas les vienen las buenas ideas por la noche, durante el sueño, en fin de semana o, en especial, en periodo vacacional. «Lo mejor para solucionar un problema que parece no tener solución es dejar de trabajar en él, pues parece ser que cuando lo hago así, al cabo de no mucho tiempo, sin más, aparece la solución». Encontré esto años atrás en uno de mis diarios personales. Pero, repito, es muy difícil no hacer nada aunque tengamos mil muestras de que, en ocasiones, es justo lo que se debe hacer. Una vez riegas una planta, tienes que dejarla en paz, porque si sigues regándola cada poco rato, acabarás ahogándola y se morirá. Lo mismo sucede con el entrenamiento, uno entrena duro y luego, si quiere mejorar, debe descansar hasta recuperarse. Y pasa igual con el estudio, ya que parar de estudiar cuando es debido es precisamente lo que permite que lo aprendido se asiente y se integre.

¿Qué es lo mejor que podría hacer y que contribuyese a mi felicidad? Esta es la pregunta perfecta para determinar lo que tienes que hacer. Unas veces será trabajar, estudiar, limpiar, cocinar, entrenar o enfrentarte a una conversación difícil, y otras será no hacer nada, tomarte un té con calma, pasear, etcétera. Confía en esto porque cualquier cosa que hagas buscando la felicidad, será buena para ti.

Hazte la pregunta muchas veces al día durante el tiempo suficiente y cada vez elegirás mejor.

Ahora, ¿qué es lo mejor que podrías hacer? ¿Seguir leyendo? ¿Tomar algún apunte? ¿Dejar de leer y descansar? ¿Llamar a tus padres para saber cómo están? ¿Sacar al perro? ¿Dar de comer al gato? Yo, ahora, lo mejor que puedo hacer es coger un libro e irme a tomar un café tranquilo. Me lo he ganado.

REGLA N.º 18

La disciplina es mejor que el talento

La disciplina es mejor que el talento porque la disciplina se puede aprender y entrenar, mientras que el talento no, porque es innato.

Así que deja de compararte con los talentosos, pues no hicieron nada para nacer con ello. Es tan inútil como lamentar no medir un palmo más, no tener los ojos azules o no haber nacido en otro lugar u otra época.

Céntrate en lo que eres, en lo que tienes y, con eso, hazlo lo mejor que puedas. Tu objetivo es alcanzar tu máximo potencial, nada más.

Envidiar el talento que otros tienen es una promesa segura hacia la frustración, la pequeñez y el complejo de inferioridad. No puedes competir con el talento, pero sí puedes vencer por tu disciplina.

¿Por qué? Porque la disciplina es más escasa que el talento y es raro que alguien posea al mismo tiempo ambas cosas. El talentoso no suele ser disciplinado porque piensa que no lo necesita, pero cuando alguien con talento es lo suficientemente humilde como para volcarse en brazos de la disciplina, emerge una figura que no es digna de envidias sino de admiración. Se trata de esas figuras imbatibles, revolucionarias, que marcan un antes y un después. Son los Michael Jordan, los Kobe

Céntrate en lo que eres, en lo que tienes y, con eso, hazlo lo mejor que puedas.

Bryant, los cada vez más escasos Martin Luther King, los Stephen King, los Tiger Woods, los Elon Musk o las J. K. Rowling. Personas con un don celestial en lo suyo, a lo que suman una ética disciplinar increíble. ¿Resultado? Figuras superlativas. Diferenciales.

No puedes equipararte a ellas en talento. Punto. Es así.

Pero ¿puedes igualarte a ellas en disciplina? Por supuesto que sí.

¿Te servirá eso para igualar sus éxitos? No.

¿Te servirá para alcanzar el éxito? Te servirá para alcanzar los mayores éxitos posibles que tu potencial te permita. Lo cual, por cierto, te permitirá vivir en constante paz contigo mismo. Feliz con lo hecho. Conforme y satisfecho.

Voy a contarte un secreto. La mayoría de las personalidades que consideramos talentosas en realidad no lo son. Son disciplinadas. Y para esto no hay mejor cura que pasarse algún tiempo leyendo su biografía o sabiendo más de su vida. Recuerdo una entrevista que le hicieron al gran Camilo José Cela en la que dijo: «A mí, escribir un libro me cuesta mucho trabajo. Me cuesta un trabajo horrible escribir. Escribo con mucha dificultad. Lo que pasa es que trabajo ocho o diez horas diarias todos los días. Y, por muy burro que sea uno, al final, algo te saldrá».

Vi esta entrevista tiempo después de leer su libro *La colmena*. No sé explicarlo, pero lo intentaré: cuando leí ese libro mi cuerpo era incapaz de contenerlo, me estremecía leer algo con tanta calidad, me sobrecogía ante tanta belleza. Tenía ganas de ponerme en pie y dar gracias porque existiesen personas con tanto talento escribiendo en el mundo. Y luego di con la entrevista. Me mató, porque lo que vino a decir el maestro es que cualquiera podría llegar a escribir así o de forma parecida. Pero, claro, ¿quién está dispuesto a sentarse a escribir esas ocho o diez horas diarias todos los días? Al menos, yo, confieso que aún no he llegado a ese punto.

Lo que quiero decirte con esto es que el grado de superación, de rendimiento y desempeño de las personas muy disciplinadas llega a alcanzar tal nivel que bien podemos creer que estamos ante individuos dotados y agraciados por un talento innato.

A lo largo de mi vida he conocido a miles de personas, y de entre todas ellas solo he encontrado a cuatro con auténtico talento. Cuatro. Calculo, entonces, que el talento innato debe de estar presente en un 0,1 por ciento de la población. Así de escaso es. No más.

Sin embargo, he conocido a cientos de personas de merecidísimo éxito en la vida, fenómenos en sus respectivos campos e individuos que tenían habilidades extraordinarias, desarrolladas no gracias a su talento sino por disciplina. Escultores, pintores, arquitectos, interioristas, músicos, escritores, inventores, vendedores, empresarios, deportistas, diseñadores, etcétera. Hay más apariencia de talento que talento de verdad. Y es así porque la disciplina es el verdadero amplificador del potencial. Coge lo que hay y lo expande tanto que parece que uno ya nació bendecido con eso.

Lo mejor que puedas llegar a conseguir en la vida siempre será alcanzado de la mano insustituible de la disciplina, porque será imposible lograrlo por otra vía. Hazte a la idea y alégrate, son buenas noticias para ti.

Significa que tienes mucho más margen del que pensabas. Quiere decir que las cartas no estaban fatalmente repartidas en tu contra. Es más, te prometo que conozco a personas carentes de todo talento que han llegado muy lejos gracias a la disciplina.

De niño iba a clase con un amigo que no sabía dibujar en absoluto y ahora ilustra libros. Cuando me enteré, le llamé para felicitarle aunque también para averiguar cómo lo había logrado. Me dijo: «Lo sé, Joan. No tenía ni idea de dibujo, pero a los veinte me propuse aprender porque me encantaba la idea de poder llegar a dibujar lo que quisiese. Después del trabajo, me quedaba dibujando y practicando hasta que llegaba la hora de ir a dormir. Los fines de semana iba a clases de dibujo y el resto del tiempo volvía a practicar. A los veintiocho conocí en una cena a un tipo que trabajaba como ilustrador, comenzamos a hablar de arte, le enseñé mis dibujos y me fichó. Así de... fácil, supongo». De fácil, nada. Entre los dos calculamos que debió de invertir como mínimo una media de cuatro horas diarias a practicar durante ocho años. Pues bien, cuatro horas al día por 365 días que tiene un año por ocho años que invirtió antes de que lo fichasen para trabajar de ilustrador, da el siguiente total: 4 × 365 × 8 = 11.680 horas.

Según Malcolm Gladwell en su fabulosa obra *Fueras de serie*, «se necesitan diez mil horas de práctica para alcanzar un grado de maestría en prácticamente cualquier ámbito». Mi amigo, además, reflejaba lo que Gladwell llamó «práctica deliberada», porque no solo es que practicase muchas horas, sino que lo hacía normalmente con ejercicios complicados para intentar aprender a dibujar cosas que se le daban mal. En sus palabras: «Eso es lo que marcó la mayor diferencia». Eso es disciplina a la enésima potencia. Y ahí, al lado, están los resultados.

¿Dónde podrías invertir tú esas diez mil horas?

¿Qué ámbito te gustaría dominar y conocer?

Lo único que te separa de conseguirlo es la disciplina, no el talento. La falta de talento nunca ha sido el verdadero problema de nadie, sino la excusa perfecta: «No tengo la culpa de haber nacido sin él».

Pues bien, si tuviese que elegir a la fuerza entre ser disciplinado pero no talentoso, o ser talentoso pero no disciplinado, elegiría lo primero. Sin dudarlo ni un segundo. Y no me equivocaría.

REGLA N.º 19

Céntrate en lo importante e ignora lo que no lo es

No hay tiempo para todo, pero sí lo hay para lo importante. Y para tener ese tiempo, la solución pasa por restarle atención a lo que no importa y devolvérsela a lo que sí. Punto.

Como decía Séneca en *Sobre la brevedad de la vida*:

> No tenemos poco tiempo: es que nosotros perdemos mucho. La vida es suficientemente larga y se nos ha concedido con liberalidad para que pudiésemos terminar las empresas de mayor importancia, si toda ella se emplease debidamente. Pero cuando se desperdicia indolentemente entre placeres y lujos, cuando se gasta en cosas inútiles, llega por fin el último momento que nos obliga a reflexionar, y entonces nos damos cuenta de que ha pasado, sin llegar a comprender cómo se ha ido.

Traducido y sintetizado, aunque no tan bonito, podría expresarse así: «Tienes tiempo de sobra para las cosas que importan, pero lo pierdes en tonterías. Luego te harás el sorprendido y te quejarás de que no te da la vida».

Perdemos mucho tiempo con cosas sin ningún tipo de relevancia ni peso. Pasamos horas innecesarias con el teléfono, navegamos sin rumbo por internet, vemos la televisión por inercia, quedamos con personas con las que en el fondo no queremos quedar, tenemos conversaciones que no queremos tener y acudimos a eventos sociales a los que no queremos asistir. Esto es pura pérdida de tiempo, pérdida de vida.

Luego es preciso tener claro que hay muchas cosas que parecen importantes, pero que, en realidad, no lo son pues podríamos vivir sin ellas. Le damos una importancia altísima a la opinión de los demás, pero podríamos vivir sin conocerla. Cuando nos critican, nos parece algo de una relevancia gravísima, pero no dejamos de respirar por ello. Se nos cae el mundo cuando nos rechazan, pero a todos nos han rechazado o hemos rechazado alguna vez y no hemos muerto ni matado a nadie con ello. El fracaso parece tener la capacidad de derrumbar la vida de cualquiera, pero todos, seguro, hemos fracasado en algo y aquí seguimos. ¿Qué me dice esto? Me dice que son cosas de cierta relevancia, pero no de una importancia vital.

¿Qué cosas son importantes entonces? Importante es comer. Ganarse la vida con un trabajo decente. Tener un techo digno bajo el que vivir. Estar tranquilo cuando sales a la calle. Que nuestros hijos tengan una buena y larga vida. Tener salud. Tener unas buenas relaciones personales para poder desarrollarnos en la sociedad. Amar y ser amado. La familia. Disponer del tiempo suficiente para dar salida a nuestro mundo interior. Estas cosas sí son importantes siempre. En definitiva, lo básico. A partir de aquí, añade lo que quieras y puedas. Piensa en qué es realmente importante para ti y agrégalo a tu lista de necesidades básicas. Verás (espero) que las básicas las tienes bastante cubiertas y que las otras son solo unas pocas.

Por ejemplo, para mí lo más importante es: Dios, la familia, la gente a la que amo y me ama, y contribuir todos los días a que el mundo sea un lugar un poco mejor. Punto.

No puedo vivir sin Dios. Vivo por y para Dios y mi familia. Y siento que fallo a Dios y a mi familia si no ayudo a que el mundo mejore un poco cada vez, por muy pequeño que sea mi margen al respecto. Aquí tienes la prueba: lo primero que hago en el día es leer la Biblia durante 45 minutos y lo último que hago es orar, e incluyo a Dios en todo lo que hago. He cerrado un negocio extremadamente rentable para trabajar en casa y poder pasar más tiempo con mi familia y los míos, ya que todas las horas del mundo junto a ellos me siguen pareciendo pocas. Finalmente, todos los días creo contenido gratuito en múltiples formatos para ayudar de forma altruista a quien pueda necesitarlo a través de mis redes sociales, mi newsletter, mi blog y mi pódcast. Me dedico a lo que para mí es importante e intento no perder tiempo ni energía con nada más.

Como ves, son pocas cosas, pero de un peso descomunal.

A ellas me entrego y, pese a todo el trabajo que tengo y los proyectos que atiendo, nunca me falta tiempo para esas cosas.

¿Y lo demás? Lo demás me importa un carajo. Me dan igual las críticas, los rumores, los ataques, el rechazo, la fama o no hacerme rico escribiendo; me da igual fracasar, siempre que lo haga lo mejor que pueda, etcétera.

Me da igual todo menos lo que me importa.

¿Y los problemas? Con los problemas lo primero que hago es descubrir si estoy ante uno realmente importante o no. El 99 por ciento de las veces resulta que no lo es. Los atiendo si es necesario, pero jamás a cambio de una cantidad, aunque sea mínima, de estrés.

¿Y qué hay sobre mí? Yo, para no perder mi paz, lo primero que hago es no darme demasiada importancia. Ni a mí ni a las cosas que me pasan. Esto no quiere decir, en absoluto, que me desprecie o pase de mí mismo. Precisamente, porque me importo, me doy la importancia justa. Ni más ni menos.

Simplifica tu vida al máximo. Deshazte de todo el ruido que te envuelve y no te permite escuchar lo verdaderamente esencial. Date el derecho a elegir, a descartar.

Me amo demasiado como para sobrevalorarme o infravalorarme. Soy tan especial como tú. Una brizna especial más de hierba en el mundo, haciéndolo lo mejor que puede por seguir luchando y prosperando, feliz y en paz.

Tengo todo el tiempo del mundo para lo importante, y ni un segundo para lo que no lo es. Y también poseo la disciplina suficiente como para saber a qué me debo y a qué no, a qué debo decir que sí y a qué debo decir que no. Tú también puedes. Desde ahora mismo.

Simplifica tu vida al máximo. Deshazte de todo el ruido que te envuelve y no te permite escuchar lo verdaderamente esencial. Date el derecho a elegir, a descartar.

Debes proteger lo importante de lo que no lo es y poner ahí tus mejores esfuerzos, tu tiempo y tu mejor energía. Deja de desgastarte con nimiedades y enfócate.

Además, como siempre digo, la virtud brota solo de las cosas importantes. De forma que es necesario encontrarlas para que lo mejor de nosotros pueda salir a la luz.

Uno no se disciplina para encontrar algo bueno por lo que vivir. Uno encuentra algo bueno por lo que vivir y, por ello, se disciplina y puede dar lo mejor que tiene.

Nadie puede volverse fuerte, valiente o disciplinado entre cosas sin significado ni importancia.

Acuérdate de la preciosa película *En busca de la felicidad*. ¿Crees que el protagonista habría luchado tanto si no hubiese tenido un hijo pequeño del que hacerse cargo? Estoy seguro de que no. O piensa en san Esteban, el protomártir del cristianismo, ¿crees que habría soportado su lapidación tal y como la soportó, sin ira ni rabia, dedicando sus últimas palabras y aliento a pedirle a Dios que no les tuviese en cuenta ese pecado a sus verdugos de no ser por su fe? Imposible. Otro ejemplo increíble lo encontramos en un guarda forestal llamado Jadav Payeng, que plantó un árbol al día durante treinta y siete años en una isla de la India para conservar la vida salvaje del lugar que estaba viéndose diezmada por la desforestación, se calcula que ha creado un bosque con un tamaño equivalente a dos veces el Central Park de Nueva York. Durante treinta y siete años, amigo, y todos los días. Alucinante.

Es imposible conseguir este tipo de cosas si algo no te importa lo suficiente.

Puede que estés pensando que no tienes nada ahora mismo a lo que aferrarte de esta forma, pero te equivocas: te tienes a ti y a tu futuro.

Eres importante.

Tu misma existencia supone ya un gran motivo para luchar.

Coge tu vida, quítale todo lo que le sobra. Con lo que te quede, empieza a crear algo que merezca mucho la pena. Vamos.

REGLA N.º 20

No te quejes ni pongas excusas

Es mucho más sencillo crear un hábito bueno que eliminar uno malo.

Una vez escuché a un tipo decir en un programa de radio que él hacía deporte todos los días para poder beber alcohol también a diario. El entrevistador alucinaba.

—Pero ¿cómo es eso? ¿Haces deporte para poder beber? —le preguntó.

—Sí, no me cojo borracheras, pero me gusta beber un martini antes de comer, una copa de vino en la comida, una cerveza a media tarde y una o dos copas de vino por la noche a la hora de cenar. Sé que el alcohol no es bueno, así que lo contrarresto con el deporte. Por la mañana corro y voy a la piscina, por la tarde voy al gimnasio y antes de cenar ando una hora.

—¿Tienes disciplina para todo ese ejercicio a diario y no para beber menos? —le preguntó el locutor, ojiplático.

—Eso es.

Para que te hagas una idea.

Uno de los peores hábitos que hay y que es necesario dejar atrás es la queja. Además, como es algo tan común, hay una especie de permiso para continuar en esa línea. «Joan, todos se quejan, ¿por qué yo no puedo?», me han dicho miles de veces.

**La queja no alivia,
la queja debilita.**

Una vez estaba yo en la terraza de un bar tomando café y leyendo junto a una mesa en la que se sentaban cuatro personas que mantenían una charla bastante animada. Era imposible no escuchar parte de lo que decían, porque hablaban muy alto. Como para estas cosas tengo muy poca paciencia, apuré el café y me predispuse a irme, pero justo antes presencié algo que me pareció de lo más chistoso. Una de las personas que había allí dijo, sin más, lo siguiente: «Bueno, que llevamos una hora quejándonos de la vida, vamos a cambiar de tema». Y, al momento, se hizo un silencio sepulcral. Era para verlos. Se miraron esperando a que alguien dijese algo, pero no, no tenían tema de conversación más allá de las quejas. Me pareció tan gracioso como triste, a partes iguales.

Ojo, quien esté libre de pecado que tire la primera piedra. Yo también sé lo que es quejarse. También sé lo que cuesta abandonar la queja. Recuerdo bien la vez en que me lo propuse hace muchos años. Me asombró y preocupó la inclinación tan acusada que tenía hacia la queja, ¡y eso que creía que apenas me quejaba! Me tenía que corregir cada dos por tres o controlarme una barbaridad para no terminar quejándome sobre algo. Fue dificilísimo. Un horror, la verdad.

Pero terminar un día sin una sola queja fue algo maravilloso. Valió la pena.

Lo siguiente que noté fue lo muchísimo que se quejaban los demás a mi alrededor. Nunca lo había notado tanto. Suele pasar. Uno no se da cuenta de la cantidad de ruido que hay en un lugar hasta que no se calla. Ahí sí terminé por convencerme de que el esfuerzo merecía la pena. Pensé que yo, hasta esa fecha, había hecho lo mismo que ellos y no me gustó nada. Seguí con el plan y, al final, dejé las quejas atrás.

¿Qué sentí? ¿Qué beneficios obtuve? Varios. Por ejemplo, noté una autoestima mayor porque, claro, era una persona que no se quejaba nunca y eso es algo difícil de lograr. Me sentí más fuerte. Noté un aumento bastante grande de mi autocontrol, y lo mejor de todo: sentía un respeto mayor por mí. No está nada mal, ¿verdad?

La cuestión es: ¿qué beneficios obtienes tú con las quejas?

Las respuestas a esa pregunta suelen centrarse en que la queja alivia o que sirve para llamar la atención de los demás cuando uno no está bien.

Vayamos por partes. En primer lugar: la queja no alivia, la queja debilita. Cuando vemos a un niño con una pataleta fuerte en un supermercado, no pensamos «No pasa nada, se está aliviando», ¿verdad? Pues en el caso de nuestras quejas sucede algo parecido, aunque peor. Porque nosotros ya no somos unos niños. Además, hay formas más edificantes y efectivas de aliviarse. Por ejemplo, ir a correr o dar un paseo, escribir sobre lo que te sucede o intentar ponerle remedio o solución. A mí lo que me alivia es arreglar las cosas, no quejarme porque están rotas.

Y una cuestión más: prefiero sufrir que debilitarme. Porque aunque fuese cierto que la queja alivia, lo cual creo que es falso, prefiero la fortaleza y el autocontrol de quien intenta no quejarse.

En segundo lugar, la queja como método para llamar la atención cuando no estamos bien me parece algo muy infantil, muy inmaduro. Lo siento, pero lo veo así. Hay formas infinitamente mejores y más adultas de hacerlo. Por ejemplo, hablar con la persona con la que se tiene un problema. En lugar de quejarte sobre tu pareja, habla con ella y arregla lo que tengas que arreglar. ¿Odias tu trabajo y por eso te quejas todo el día? Pues vete, dimite, déjalo. O ve a hablar con tu jefe para intentar encontrar una alternativa. ¿Te quejas porque tu madre no te deja vivir tu vida? Queda con ella y, con mucha calma, déjale bien claro que vas a vivir como creas que debes hacerlo, aunque no le guste.

Siempre hay mejores opciones que la queja.

Me dirás: «Vale, Joan, entiendo que no sirve de nada, pero... podré quejarme, ¿no? Tampoco es tan grave...».

La cuestión es que, si no sirve de nada, ¿para qué quieres quejarte? ¿Con qué fin?

Y en lo que se refiere a la gravedad del asunto, depende de cómo lo veas. Nadie en la Tierra va a morir porque te quejes, eso está claro, pero... ¿de verdad no te parece un poco preocupante ser un quejica? Porque ahí está la clave. Una queja de vez en cuando no hace daño a nadie, ni siquiera a uno mismo. Alguna que otra vez, en verano, me quejo del calor, por ejemplo. Pero es que una queja no te convierte en un quejica, al igual que una verdad no te convierte en una persona sincera, ni una mentira convierte a nadie en un mentiroso. Es la costumbre, el hábito, el mal vicio lo que hay que extirpar. Ahí está la gravedad. Que mis hijos se quejen alguna que otra vez no me parece grave, pero que terminen convirtiéndose en unos quejicas, sí. No quiero eso para ellos, los amo demasiado como para consentirlo. Punto.

Y luego tenemos las excusas. Otro mal hábito. Quizá no son tan graves como las quejas, pero, aun así, son algo bastante indeseable.

Era muy joven cuando me llamaron para una reunión importante de trabajo. Un cliente había hablado muy bien de mí a un contacto bien posicionado y este quería conocerme. Me preparé, me vestí lo mejor que pude, me perfumé, salí con tiempo y... el coche me dejó tirado a unas cuantas manzanas del restaurante en el que habíamos quedado. Llegué diez minutos tarde. No había sido por mi culpa, el coche se había roto, fin. Al llegar, mi cliente ya tenía mala cara, pero la de su contacto era peor, se le veía disgustado de verdad. Yo entré, me presenté, le di la mano y le dije: «Encantado señor X, lamento la espera, pero mi coche…», entonces él alzó la mano y me interrumpió:

—Joven, no insulte mi inteligencia con algún tipo de excusa. Aunque esta fuese cierta, lo más probable es que lo que sea que le haya pasado podría haberse evitado. Así que ahórresela, háganos a todos, incluyéndose a usted, ese delicado favor y pidamos la comida.

Me disculpé por llegar tarde y comimos.

Al terminar, volví a casa pensando en aquello. «¿Qué culpa tenía yo?», me dije en un principio. «Menudo estirado, el tío», pensé después. Sin embargo, un pensamiento nuevo vino a mi mente. Era un pensamiento acusador que me decía que el coche llevaba tiempo pidiendo una revisión, que no lo cuidaba bien, que llevaba incluso la ITV sin pasar, que podría haber salido con más tiempo o haber ido en taxi. Pero no, no hice nada de eso y llegué tarde. Y, sí, ahí estaba yo, a punto de darle una excusa a aquel señor que también podría haber llegado tarde, pero había tomado las precauciones necesarias para no hacerlo.

El señor X tenía razón.

Desde entonces, jamás volví a poner una excusa. Si fallo en algo, me disculpo, y si me piden una explicación, la doy. Por ejemplo, meses atrás, olvidé una cita con un antiguo cliente y, directamente, no me presenté. Es algo muy raro en mí, pero sucedió. Cuando me di cuenta, le llamé y le dije:

—Lo siento muchísimo, había olvidado por completo nuestro compromiso.

—¿Qué ha pasado? —me preguntó.

—No ha pasado nada, no lo apunté en mi agenda por algún motivo y por eso no he ido. Lo siento.

—No te preocupes, Joan. Puede pasarle a cualquiera.

Y ya está. La verdad. Punto. Y si la verdad me condena, que así sea.

Una cuestión más: tampoco me pongo excusas para mí mismo. Lo considero también un insulto a mi propia inteligencia. Si acierto en algo, me gusta reconocérmelo. Así que, en justicia, es lo correcto reconocerme también lo que hago mal. Sin crueldad, pero sin condescendencia.

No te quejes.

Y no pongas excusas.

¿No te gustaría ser de ese tipo escaso, único, de personas que no se quejan jamás y nunca ponen excusas? ¿Cómo te percibirías si lo consiguieses? ¿Mejor o peor? ¿Y cómo serías visto por los demás? ¿Mejor o peor? Y, para terminar: ¿cómo sería tu vida y la de los que te rodean? ¿Mejor o peor?

No tengo nada más que decirte. Te toca a ti.

REGLA N.º 21

Esfuérzate y rechaza la mediocridad

En primer lugar, ¿qué es la mediocridad? Etimológicamente, la palabra «mediocridad» proviene de *medius*, que significa «medio» o «intermedio», y *ocris*, que significa «montaña» o «peñasco». Es decir, «mediocridad» significa quedarse a mitad de camino de algo, no culminar, no tocar la cima.

Cuando estás dando menos de lo que podrías dar, estás siendo mediocre.

Cuando haces las cosas peor de lo que las podrías hacer, estás siendo mediocre.

Cuando eres peor o menos de lo que podrías ser, estás siendo mediocre.

Y cuando vives la vida peor de lo que podrías, estás siendo mediocre… y estás desperdiciando tus días en la Tierra.

Mediocridad es la falta de respeto hacia uno mismo, porque es el desprecio del talento, del potencial, de los dones y, por lo tanto, de la vida.

La mediocridad no es la capacidad que uno tiene, sino el uso que haces de ella.

La mediocridad no es no llegar, sino poder llegar y no hacerlo.

Imagina un chaval que se deja el alma estudiando y saca un cinco en un examen. Luego imagina, en su misma clase, a otro chico que podría sacar un nueve y termina sacando un siete y medio en el mismo examen. ¿Tienes tan claro como yo quién es más mediocre de los dos? Espero que sí.

Entonces, ¿cuál es la cura para la mediocridad? Te lo dejo muy claro: haz siempre todas las cosas lo mejor que buenamente puedas. Sin dejarte ni guardarte nada. Estruja cada gramo del potencial que tienes en tu interior.

Como ves, la disciplina no solo trata de hacer lo debido cuando es debido, sino de hacerlo, además, lo mejor que puedas.

Cuidado, no he dicho «hacerlo perfecto» o «hacerlo necesariamente mejor que los demás», me refiero a hacerlo lo mejor que puedas, teniendo en cuenta las circunstancias y buscando un nivel de satisfacción suficiente. Esa es la exigencia a la que te deberías someter. No compites contra nadie, ni siquiera contra ti. Es una cuestión de deber y responsabilidad, puesto que dependes de ti. De igual forma que mis hijos dependen de mí y necesitan que haga todo lo que esté en mi mano para ser el mejor padre posible, porque es mi deber. Si mantengo ese compromiso con ellos, aunque no sea un padre perfecto, tengo que pensar que será más que suficiente.

Porque no hay lamentos, arrepentimiento ni remordimientos para quien se esfuerza al máximo.

Por ejemplo, yo jamás podré arrepentirme de cómo he escrito mis libros, porque esto es todo lo que hay, todo lo que tengo y todo lo que sé; te lo aseguro. Si no vendo ni veinte ejemplares, no podré lamentarme porque, por ahora, no sé hacerlo mejor.

¿Qué me espera al final de mi vida? Silencio y paz. Esto es lo que llevo sembrando desde hace muchísimo tiempo. ¿Cuáles son las semillas de esa siembra? Muy sencillo: hacer el bien y esforzarse honestamente. Punto.

La mediocridad no es fracasar, el fracaso es ser mediocre.

Una vez escuché en una entrevista que «mediocre es el que fracasa». Casi me trago el chicle que iba masticando cuando lo oí. Para empezar, ¿qué es el fracaso? ¿Perder? ¿No llegar primero? ¿No conseguir aquello que te habías propuesto alcanzar? La mediocridad no es fracasar, el fracaso es ser mediocre. Un equipo de baloncesto puede perder un partido y no ser mediocre, o serlo si han jugado con desidia o pereza, aunque al final ganen el partido. Un atleta puede llegar el último en una carrera y batir su mejor marca personal, o conseguir una medalla de plata de forma mediocre porque se ha relajado en los últimos metros y le han birlado el oro. Y tú puedes no superar una oposición, pero haberte dejado la piel estudiando y, por eso precisamente, pese a la derrota, no ser ni un fracasado ni un mediocre. Fracaso es actuar y vivir por debajo de lo que podrías hacer y ser, independientemente de los resultados que acumules durante tu vida.

Esfuérzate. Haz que la mediocridad desaparezca de tu conducta e incluso de tu vocabulario. Y nunca, nunca hagas nada a medias.

REGLA N.º 22

Primero trágate el sapo

La primera vez que escuché hablar de «tragarse primero el sapo» me sonó a truquito barato. De modo que no le presté mucha atención, la verdad. Se atribuye la expresión a Mark Twain, quien, al parecer, dijo que si lo primero que haces por la mañana al despertar es tragarte un sapo vivo entonces el resto del día estarás contento porque seguro que no te pasará nada peor. Un tipo bruto pero pragmático, ¿verdad?

Brian Tracy escribió un libro de desarrollo personal llamado *¡Tráguese ese sapo!*, que estaba bastante bien y se hizo muy famoso. Lo leí en su momento, pero, con sinceridad, tampoco le hice demasiado caso.

Así fue hasta que un día estaba batallando con mis hijos para que se comiesen la verdura, como nos pasa en algún momento a todos los padres con nuestros hijos. Su estrategia era dejar la verdura para el final, comerse el resto del plato primero y después intentar convencerme de que estaban «demasiado llenos». Desde hace un tiempo, comen verdura sin problemas, y les gusta muchísimo, pero tuvieron esa fase en la que no les apetecía nada de nada. Sin embargo, hay una cosa que les ha gustado siempre, desde bien pequeños: que les cuente historias de mi pasado. Y ahí fue cuando apareció, por fin, la utilidad del sapo.

Les hablé de lo vago que era y eso ya les pareció algo increíble. «No me lo creo, papá, te lo estás inventando», me decían. Yo les seguí explicando que, por ejemplo, en el colegio me llevaba unas broncas brutales por no hacer los deberes. Cleo, la pequeña, me preguntó:

—Pero ¿por qué no los hacías? ¿No querías? ¿Eran muy difíciles?

—No, no era por eso exactamente. La mayoría de las veces me lo proponía, pero llegaba a casa después de clase, comía y me tumbaba a ver la tele. Me decía a mí mismo «primero descansaré y miraré la tele un rato, luego haré los deberes».

—¿Y qué pasaba? ¿Por qué al final no los hacías?

—Porque lo iba retrasando. Era capaz de hacer cualquier otra cosa para aplazar el momento de dedicarme a los deberes. Y, al final, se terminaba el día. Para cuando me quería poner a hacerlos, veía que ya era de noche y que no merecía la pena ni intentarlo, porque seguramente no me daría tiempo a terminarlos.

—¡Papá!

—Pues sí, cariño, lo sé. Y, así, todos los días.

Christian, el mayor, no daba crédito. No podía conciliar esa versión de mí con la actual. Le pregunté:

—Christian, ¿qué tendría que haber hecho para que no me pasase eso?

Se quedó pensando un momento y finalmente me dio la respuesta que esperaba:

—Tendrías que haber hecho primero los deberes y después ya descansar. No al revés.

—Exacto. ¿Sabéis que a eso se le llama «tragarse primero el sapo»?

Les expliqué lo que significaba, de dónde provenía y qué uso se le podía dar.

**El orden de
los factores es
importante.
Primero el esfuerzo,
luego el premio.
Primero lo fatigoso,
luego el descanso.
Primero el sapo.**

—En el plato tenéis un sapo en forma de verdura. Lo estáis dejando para el final y nos da problemas cada día. Estáis haciendo lo mismo que yo hacía con los deberes. ¿Lo veis?

—Es verdad… —dijeron casi a la vez.

—Entonces ¿qué tenéis que hacer?

—¿Comer primero la verdura? —respondió Cleo.

—Exacto.

—Tragarnos primero el sapo, ¿no? —contestó Christian.

—Eso es, lo habéis entendido.

Se comieron toda la verdura en primer lugar y, después, el resto del plato. Y así todos los días. Cuando alguna vez los veía evitando la verdura, solo tenía que decirles que se tragasen el sapo primero y lo hacían de inmediato.

Desde ese momento, «tragarse primero el sapo» se quedó como parte de la filosofía de la familia. Primero lo difícil y luego lo fácil. Primero se friegan los platos y luego se descansa en el sofá viendo la tele, nunca al revés. «Lo haré después de descansar un rato» no es una opción. Sí lo es esta: «Hazlo ahora, será un segundo. Vamos, trágate el sapo y después podrás descansar tranquilo». Mis hijos lo tienen tan integrado que no suelen oponerse ni resistirse.

Yo también me aplico la regla del sapo, sobre todo en mi jornada laboral. Mi trabajo me encanta, pero hay algunas cosas que suelen darme un poco más de pereza, como enviar cierto tipo de correos o ponerme al día con los papeles. En ese momento, suelo decirme: «Bueno, me voy a sacar un café, haré un descanso de diez minutos y luego me pondré con esto». Entonces me acuerdo del sapo: «No, Joan, lo que tienes que hacer es terminar este papeleo, enviar esos correos y luego tomarte el café tranquilo». Así que hago un esfuerzo, me trago el sapo primero y descanso después. Siempre es lo mejor.

Ese descanso sabe mucho más dulce así, porque te lo has ganado. Has sabido postergarlo y ahora lo disfrutas más.

Es como ese trago frío de coca-cola después de comer muchas patatas fritas. Con la boca seca, salada, sedienta. Qué gusto. El orden de los factores es importante. Primero el esfuerzo, luego el premio. Primero lo fatigoso, luego el descanso. Primero el sapo.

Es uno de los actos más representativos de una buena disciplina. No es solo hacer lo debido, sino hacerlo en primer lugar, dándole prioridad.

Dicho esto, si tuvieses que tragarte todos los días, por ley y bajo pena de cárcel, un sapo, ¿cuándo decidirías hacerlo? ¿Al final del día o justo al despertar? Yo lo tengo claro, sería lo primero que haría al abrir los ojos. Y no lo haría, como decía el genial Twain, para estar más contento pensando que no podría pasarme nada peor, lo haría para quitármelo de la cabeza. Si lo dejase para el final, sé que mi mente me lo recordaría cada dos segundos. No podría disfrutar de nada durante el día sabiendo que el puñetero sapo me está esperando para ser tragado.

Después de sonar el despertador iría a por él, de cabeza, pese al asco que me daría. Y así, a continuación, ya podría disfrutar plenamente de la jornada.

Sí, es mejor tener el sapo en el estómago que en la cabeza.

REGLA N.º 23

Sé organizado para poder ser disciplinado

Es casi imposible ser disciplinado si antes no se aprende a ser ordenado y organizado.

Cuando me propusieron escribir este libro, lo primero que hice fue coger la agenda y me organicé. Calculé cuánto tiempo podía dedicar a escribir al día, las páginas que podía terminar en ese tiempo y cuántos días necesitaría para cumplir con los plazos que me había dado la editorial. Después planifiqué la estructura del libro, organicé un índice provisional con las partes y sus capítulos, señalé un día en el calendario para empezar y me puse a escribir.

Todo estaba preparado, solo era cuestión de presentarse delante del ordenador cada día a la hora planificada, durante las horas calculadas.

Lo que se organiza cuesta menos. Y, además, suele salir mejor. Si no te lo crees, vete a hacer la compra sin una lista de lo que necesitas. O ve a una primera cita con la persona de la que estás enamorado y dile que no tienes ningún plan, que ya irás viendo. O intenta llevar un negocio sin una agenda donde apuntar y organizar las reuniones con los clientes, o un registro donde ir apuntando el stock de los productos para planificar debidamente los pedidos. A ver cuánto tardas en lamentarlo.

Estoy de acuerdo en que no es necesario organizarlo absolutamente todo, pero sí es necesario organizar todo lo que funciona mejor cuando se organiza antes. Por ejemplo, no hace falta que organices todo lo que haces con tu pareja, pero sí podríais organizaros para tener un tiempo considerable juntos, a solas, cada día (o siempre que se pueda) para que vuestra relación no decaiga por el distanciamiento.

La improvisación está bien, es cierto, pero no se puede improvisar la vida entera. Quien se mueve así siempre es muy probable que no le saque todo el jugo.

Una vez fui a Madrid, hará casi quince años, a pasar la Nochevieja. Fui con un amigo y, el día antes de ir, me dijo: «¿Reservamos una mesa para cenar o vamos a la aventura?». Respondí que «a la aventura». Terminamos comiéndonos el peor kebab de la historia, de pie, tras horas dando vueltas porque no había ni un solo sitio disponible en el que cenar sin reserva. Feliz Año Nuevo.

Sigue esta regla: si es probable que algo salga mejor improvisando, improvisa. Y si no, organiza. Punto.

Pero te diré otra cosa, ¿por qué no puedes improvisar, si es preciso, a partir del orden y la planificación? ¿Por qué no podemos quedar, hacer un buen plan y, si después surge otro mejor, improvisar y cambiar sobre la marcha?

¿Te estresa organizarte?

¿No te estresa más la sensación de que no te baste el día?

¿No te agobia más la impresión de no llegar y de que los días se te vayan sin hacer lo que querías hacer?

La organización está para quitarte estrés, no para añadírtelo.

La planificación está para que aproveches mejor el tiempo, para que cuando te acuestes lo hagas con una pacífica sonrisa, sabiendo que has sacado partido a tu jornada, a tu tiempo y, por ende, a tu vida.

Imagina que empiezas en un trabajo nuevo, uno que nunca has desempeñado antes. Te presentas puntual en tu puesto, aparece el encargado y te dice: «Bienvenido, ahí está el almacén, ve haciendo, improvisa». ¿Qué te parece? ¿Te gustaría? Lo más normal sería que no. Lo normal sería incluso agobiarse y responderle al jefe que prefieres que te diga lo que debes hacer, lo que se espera de ti, porque quieres realizar un buen trabajo.

Ahora imagina la misma situación, pero esta vez el encargado llega y te dice: «Bienvenido, tu trabajo consiste en hacer recuento del stock de ocho a diez de la mañana, luego tienes un descanso para almorzar de diez a diez y veinte, después haces un informe del recuento hasta las once y se lo mandas al encargado Menganito de Tal que está en esa oficina de ahí, y, finalmente, de once a dos te pondrás a cargo de esa cinta que transporta el producto que meterás en cajas y las irás apilando en esa zona que está delimitada con líneas en el suelo. ¿Alguna duda?». Pues ninguna, más claro que el agua. Así, será sencillo rendir al máximo y saber si has hecho un buen trabajo o no. Y si durante la jornada hay que improvisar porque el recuento de stock no cuadra, pues se improvisa y punto.

A lo largo del año decenas de personas contratan mis servicios para organizar, ordenar y planificar su vida. En la primera sesión hablan, de una forma muy emocional, de lo faltos que están de más orden. «Lo necesito desesperadamente, Joan», suelen decirme. Que, traducido, significa «necesito más paz» o «necesito disipar este caos» o «necesito parar este estrés de vida o me va a dar algo». Tengo que puntualizar, con respecto a esto último, que no hay una relación directa necesaria entre hacer mucho y tener un grado elevado de estrés. Hay personas que se sienten estresadas porque piensan que no están haciendo nada con su vida. Y otras que hacen muchas

**Plan,
orden y
compromiso.
Siempre.**

cosas y, como están bien organizadas, llegan a todo lo que se proponen sin sufrir esa presión. En mi caso, a pesar de las múltiples ocupaciones y obligaciones que debo atender a la semana, vivo con un nivel de estrés bajísimo o incluso inexistente. Sin embargo, cuando era policía local o cuando mi vida personal era un caos, con un 10 por ciento del trabajo que hago ahora, padecía esa presión a unos niveles máximos.

Tal es el impacto de la organización personal en los niveles de estrés que cuando un cliente me comenta que está más estresado de lo normal, lo primero que hago es preguntarle si lleva la agenda al día. La respuesta suele ser que no: «Es verdad, no estoy apuntando lo que tengo que hacer en la agenda, se me olvidan las cosas y termino el día agobiándome un montón».

Es importante entender que estar bien organizado no equivale a llenarse la jornada, sin parar, de tareas pendientes. No se trata de eso. No va de ser muy productivo, sino de ser eficiente con el tiempo disponible para poder dar cabida a lo que realmente queremos hacer. Nada más.

La mente está para dedicarla a tareas mejores que recordarte que tienes que pararte a comprar una lechuga en la verdulería. Eso tiene que estar en una agenda, no dando vueltas en tu cabeza. Uno no vive para su agenda, uno se apoya en su agenda. Yo descargo en ella todo lo que puedo para disponer del espacio mental suficiente que me permita generar ideas, reflexionar, pensar o disfrutar de un poco de silencio y quietud.

¿Qué escuchas cuando cierras los ojos y la boca? ¿Cuánto de eso puede ponerse en una agenda? ¿Cuánto espacio en el disco duro de tu cerebro está ocupado por cosas que podrían estar en un papel?

Cómprate una agenda o descárgate una aplicación para tu teléfono si te resulta más cómodo. Yo aconsejo y prefiero la típica agenda de papel en formato vertical, donde se vea una semana entera de un vistazo. Apunta ahí, cada día, todo lo que quieras o tengas que hacer y consúltala con frecuencia. Deja los espacios libres que puedas para improvisar o para no hacer nada y descansar. Recuerda, es para ayudarte a ser más disciplinado, a la vez que reduces tu estrés. Llévala siempre contigo, para descargar ahí las tareas que te vayan viniendo a la mente, e intenta cumplir con lo que anotas durante dos meses. Si lo consigues, no volverás a funcionar de otra manera. Te lo aseguro. Tal es así que si tuviese que elegir entre perder mi cartera o mi agenda, preferiría, sin duda, perder la cartera.

No puedes ser disciplinado si no eres organizado. Punto.

Pero… cuidado. Tener un plan o una agenda al día no conduce forzosamente a la disciplina. Es necesario comprometerse con lo que se pretende hacer. Yo podría tener apuntado en mi agenda quedar contigo para ir a tomar un café, pero aun así no presentarme. Plan, orden y compromiso. Siempre. También es necesario que el plan sea asequible. Retador pero alcanzable. Un plan mal elaborado, demasiado exigente, te llevará a no poder completarlo y, por lo tanto, a la frustración.

Empieza con lo mínimo imprescindible. Sé exigente pero amable. Sé comprensivo con tu nivel actual o reciente de organización y logros. Intenta subir un peldaño cada vez. Cuando lo domines, si hace falta, sube otro peldaño. Y así hasta que encuentres el punto de equilibrio en tu vida. No te pases. Cuando basta, basta.

No se trata de hacer más, sino de hacer lo necesario y lo debido. Recuérdalo.

REGLA N.º 24

La ambición es buena, la codicia no

Cuando comiences a usar tu disciplina, verás cómo nace un nuevo poder en ti. Una capacidad desconocida hasta ahora. Querrás intentar cosas que antes eran impensables. Te sentirás mucho más capaz. Desde ahí, nacerá en tu interior una autoconfianza nueva, mayor y mejor. Pero debes tranquilizarte e ir poco a poco y no superar ciertos límites.

La verdad es que conozco a gente que era muy disciplinada, en el mejor sentido, y han terminado perdiendo el norte por culpa de una ambición descontrolada que acabó transformándose en una codicia sin fin.

El objetivo de la disciplina es mejorar tu vida, no empeorarla ni enterrarla debajo de una montaña de logros.

Hace unos ocho años comenzó a trabajar conmigo un empresario joven, sin apenas dinero ni experiencia, pero con una idea muy buena que deseaba transformar en un negocio. Le pregunté qué pretendía conseguir. Me respondió: «Mi sueño es ganar diez mil euros al mes, si consigo eso no necesitaría nada más en la vida». Le enseñé todo lo que sé y la idea echó a rodar. Al año alcanzó esa mágica cifra. No cabía en sí de la alegría, pero… no le duró mucho.

—Joan, hay que ir a por los treinta mil al mes. Ahora diez mil me parece poco.

No desees lo que no necesites. Eso es codicia. Y no suele terminar bien.

—Cuidado, querido, te va a costar horas de vida que ahora disfrutas como tiempo libre para ti, tu pareja y tus amigos —le respondí.

—Tranquilo, Joan, tengo disciplina como para rendir más y llegar a esos números.

—Esto no va de disciplina, sino de prioridades. Si esperas un tiempo, el proyecto se asentará y podremos intentar aumentar los números sin sacrificar tus relaciones personales. Piénsalo.

No me hizo caso y yo rehusé seguir asesorándole.

Al cabo de otro año y medio me mandó un correo contándome que había llegado a los treinta mil al mes. Le di mi sincera enhorabuena y le mandé recuerdos para su pareja. Al cabo de medio año me mandó otro correo pidiéndome ayuda para superar la reciente ruptura de su relación sentimental.

—Joan, ¿lo viste venir?

—Te avisé. ¿Lo quisiste escuchar?

No quiero decir que no puedas hacerte de oro, ganar un millón al año o conducir un Ferrari y ser feliz. Lo que digo es que si la disciplina y el poder que extraigas de ella solo te van a servir para que pierdas la cabeza y desequilibres tu vida…, entonces lo mejor será que te quedes como estás.

La disciplina solo saca a la luz tu verdadero poder, tu potencial. Tú decides al servicio de qué lo pones. Puedes ponerlo al servicio de la felicidad o al servicio de la codicia.

Presta atención a este versículo del Eclesiastés 5:10 «El que ama el dinero no se saciará de dinero». Tenlo presente.

Ha habido, en la historia de la humanidad, incontables villanos disciplinados. De hecho, diría que la mayoría lo eran. ¿Era culpa de la disciplina? No. En absoluto. Era culpa del uso que se le daba. No culpes a la pistola, sino al tirador.

Que te veas capaz de conseguir algo, no implica que tengas que ir a por ello. Y no todo lo que te seduce es bueno para ti.

No desees lo que no necesites. Eso es codicia. Y no suele terminar bien.

La disciplina es autocontrol. Debe servirnos para mantenernos en el camino adecuado. En el punto máximo de virtud y del buen vivir.

Por ejemplo, desde hace varios años me proponen cada dos por tres hacerme una entrevista. Declino el 95 por ciento de ellas. Y no es, en absoluto, porque no me vea capaz. De hecho, creo que las entrevistas se me dan más que bien. Pero como no las necesito puedo elegir libremente si hacerlas o no. Tengo el autodominio, la disciplina personal, como para no dejarme seducir por ofertas de este tipo en las que siempre hay bastante dinero y fama en juego. Pero yo no codicio ni una cosa ni la otra, ni siquiera las ambiciono. Yo ambiciono el tiempo. El significado. Ayudar. Estar con mi familia. Leer. Escribir. Descansar. Dibujar. Entrenar. Dar paseos sin mirar el reloj. Cocinar. Ver cine. Jugar con mis hijos. Escuchar música. Mirar al cielo o contemplar las estrellas y la luna. Eso ambiciono yo. Y la vía más rápida para no conseguir nada de esto es dejar que la codicia por otros objetivos me ciegue.

La codicia es el enemigo de las cosas importantes.

Además, cuando aparece la codicia, la felicidad se esfuma.

El «más» por el «más» es siempre un error fatal. «Más» no es «mejor», «mejor» es «mejor». Y lo curioso es que, por norma, «menos» suele ser «mejor».

REGLA N.º 25

No critiques ni a los disciplinados ni los éxitos de los demás

Conozco una forma infalible de no encontrar pareja nunca: odiar el amor. También sé una forma genial de gastarte todo el dinero que ganes: odiar el ahorro.

Y sé quién no va a tener nunca disciplina: aquel que la detesta y dice que no sirve para nada.

¿Es la disciplina algo bueno? A estas alturas del libro ya deberías estar convencido de que sí, siempre que se aplique de una manera virtuosa, como también sabes ahora. Entonces ¿por qué hay personas que detestan la disciplina? ¿Por qué a muchos disciplinados se les insulta llamándoles «obsesos» o «flipados» u otros adjetivos por el estilo?

Bueno, hay varias respuestas para esas preguntas. La primera es que es muy común criticar lo que no se ha sabido conseguir. Así, por ejemplo, se critica a la gente con dinero o se sospecha de los éxitos de los demás.

La segunda respuesta es que, por desgracia, no a todas las personas se les ha enseñado bien la disciplina y conservan una idea negativa de ella.

La tercera y última respuesta es que a veces los éxitos de los demás señalan la ausencia de los nuestros. Y eso puede provocar mucho resentimiento. Sucede cuando tu padre te dice: «¿Sabes que Menganita se sacó la carrera de Medicina y ahora gana un buen dinero? Ya te dije yo que estudiases eso, mírala ahora». A lo que te mueres de ganas de contestarle que «Menganita era una obsesionada de los estudios y no tenía vida, así que seguro que es una amargada». Pero esto, por muy humano y comprensible que sea, no son más que piedras en tu propio camino… puestas por ti.

En el pasado, en mis peores momentos, te prometo que cualquier éxito ajeno me mataba. Era incapaz de alegrarme por las personas a las que la vida sí les sonreía. Estaba tan resentido con mi situación que tenía dos opciones: culparme a mí o culpar a los demás. Y, claro, culpaba a los demás.

Siento vergüenza al decir esto, pero, en aquella época, si un amigo me decía que había conseguido un trabajo en el que ganaba más que yo, no podía evitar desear que lo despidiesen. Si veía a alguien con un coche mejor que el mío, ardía en deseos de que alguien se lo rayase. Si sabía que algún conocido había logrado algún hito importante como ganar un torneo, un premio, una competición o algo por el estilo, me moría de la rabia y me decía cosas como «ha tenido suerte» o «seguro que estaba amañado».

Era así porque su éxito reflejaba mi fracaso. Sin su éxito, mi fracaso destacaría menos. Era una posición de una pequeñez salvaje. De una pobreza de espíritu indigna. Me arrepiento profundamente de haber albergado esos pensamientos. Gracias a Dios que no los mantuve demasiado tiempo, y prefiero no pensar en qué habría acabado convirtiéndome.

¿Cuándo empecé a cambiar esa mentalidad tan mediocre? Buena pregunta. Fue un proceso bastante largo. Sucedió que, por una vez, me propuse de verdad mejorar mi vida e invertí los siguientes cinco años en esforzarme como nunca lo había hecho. Así fue como hice pequeños avances y sumé mis primeros logros. ¿Y qué pasó? Que no mucha gente se alegró por mí. Es más, me llegaban a los oídos habladurías de terceros sobre mis pequeños éxitos, calcadas a las que yo profería sobre los triunfos de los demás. Como decimos en mi tierra: «Lo que tiras al mar, el mar te lo devuelve». Me lo tenía más que merecido. El mundo me hacía lo que yo le había hecho al mundo.

No hace falta decir que me sentí muy mal…, aunque tratado justamente.

Ese proceso provocó un cambio en mi actitud. Me propuse no criticar, no envidiar ni sospechar de los éxitos ajenos. Me decía a mí mismo: «Piensa todo lo mal que quieras, pero no abras la boca». Ya suponía un avance. Sin embargo, cuando aprendí a callarme, estaba convencido de que podía hacerlo mejor, de modo que intenté no pensar mal sobre los logros de los demás. Si venía a mi mente un pensamiento criticón, lo que hacía era procurar contrarrestarlo: «Igual ha conseguido ese trabajo por enchufe…, o igual no». Lo logré con mucho esfuerzo, pero, de todas formas, seguía sabiéndome a poco. Así que me propuse dar el paso final: alegrarme de corazón cuando la vida le sonreía a alguien.

Comencé a decir muy a menudo aquello de «enhorabuena, me alegro muchísimo por ti». Y no solo lo decía, también lo pensaba. No perdía ninguna oportunidad. Siempre que veía a alguien con motivos para celebrar, yo lo celebraba con él. Mientras tanto, me sentía cada vez mejor y más inspirado. Incluso dejé de enfadarme cuando era yo el que alcanzaba un nuevo éxito y alguien lo criticaba.

Me alegraba incluso por los éxitos de los famosos. Me alegraba cuando a un futbolista le subían el sueldo o cuando una actriz ganaba un Oscar. Aprendí a alegrarme de las alegrías ajenas. Pasé a tener mis alegrías y también las ajenas. Las del mundo entero.

**A la vida ya
le basta su dureza,
el mundo no necesita
nuestra crueldad.**

Pruébalo, intenta alegrarte por los esfuerzos y las victorias de los demás. Y si no lo consigues, como mínimo, no los critiques ni les restes importancia. Porque a la vida ya le basta su dureza, el mundo no necesita nuestra crueldad.

Alégrate también de las habilidades y virtudes aprendidas por los demás. Si ves a un conocido que se ha puesto en forma, felicítale y luego pregúntale cómo lo ha hecho. Se alegrará y probablemente te lo contará. Si te cruzas con un conocido y lo ves feliz, reconócele la buena cara que tiene e interésate sobre el porqué. Le harás más feliz aún y se sincerará contigo. Este pequeño truco puede cambiarte la vida. Te lo prometo.

Y, por supuesto, si un día conoces a una persona disciplinada, acércate con humildad y pídele consejo, estoy convencido de que te lo dará.

¿Para qué envidiar cuando te puedes alegrar?

¿Para qué criticar cuando te puedes inspirar?

Piénsalo.

Sé humilde. Aprenderás más. Te ayudarán más.

Y llegarás mucho más lejos.

REGLA N.º 26

Resiste las tentaciones

Una buena vida es placentera, pero vivir para los placeres lleva a una mala vida.

¿Cómo distinguir entonces los buenos placeres de los malos? Atendiendo su origen, el lugar del que salen, su nacimiento.

Los placeres «buenos» no nacen de las tentaciones. Los «malos», sí.

La palabra «tentación» viene del latín *temptatio*, *temptationis* (intento, prueba, tentativa), nombre de acción del verbo *temptare* (tocar, sondear, intentar, experimentar, poner a prueba).

Fíjate en la última parte: poner a prueba.

Esa es la parte en la que quiero que te centres para comprender y asimilar este capítulo, que es vital para el mensaje del libro.

Probablemente, todos los días de tu vida vas a vivir situaciones que te van a poner a prueba. Desde el primer minuto de tu jornada, cuando suena el despertador, se te presenta la primera: levantarte de inmediato o apagar la alarma y volverte a dormir; hacer lo debido y ponerte en pie para ir al trabajo o dejarte llevar por la tentación de la pereza y volverte a dormir. ¿Da más placer apagar la alarma y cerrar los ojos de nuevo?

Evidentemente. ¿Es lo debido? ¿Es la mejor opción? No. Y esta es, con seguridad, la prueba más fácil del día.

La tentación es tan difícil de resistir porque esconde la oferta del placer. Nos tienta lo placentero. Y hay que aceptar la verdad inevitable de que el placer supone una fuerza muy poderosa; sobre todo, porque representa la respuesta que podría satisfacer la mayoría de nuestros deseos. Puede que ahora pienses: «¿Y qué? ¿No es bueno satisfacer los deseos?». La respuesta es que depende de los deseos a los que te refieras, porque no todos son buenos. Desear la paz mundial está bien. Desear romperle la cara a tu vecino está mal, por ejemplo.

Se puede distinguir si un deseo es bueno o malo pensando en el tipo de placer que va a provocar. Yo cada día ardo en deseos de terminar pronto mi trabajo para poder estar con mi familia. Ese deseo, cuando se satisface, produce un placer muy concreto, libre de culpa y de malos sentimientos, puesto que nace del amor. Volviendo al anterior ejemplo, si al final le parto la cara a mi vecino porque me ha rayado el coche al aparcar el suyo, sentiré un placer que nace de la ira y del deseo de venganza, pero que, en algún punto, se transformará en culpa y arrepentimiento.

Los deseos buenos producen placer sin culpa. Las tentaciones producen lo contrario.

Los deseos buenos son positivos para nosotros y nuestro futuro. Las tentaciones, al contrario.

Hace mucho tiempo, pasé una temporada en la que me sumí en la desesperanza, de modo que opté por rendirme, dejar de luchar, echarme en brazos del placer y dejar de resistir las tentaciones. Menos mal que me quedé sin dinero después de algo menos de un año porque, de lo contrario, creo que habría acabado muerto. Así de destructivo fue el experimento. Me encontraba agotado mentalmente y extenuado

Resistir las tentaciones supone el mayor acto de disciplina posible.

físicamente, mi autoestima había caído a mínimos históricos, me juntaba con malas compañías, mi salud se había deteriorado, mi aspecto era como el de una exestrella del rock en alarmante decadencia y, encima, me había quedado sin un céntimo. Y eso sucedió por no resistir las tentaciones y vivir buscando solo el placer. Así de fácil y rápido se puede destruir una vida.

Admito que me sentí confuso. ¿Cuál era el objetivo entonces? ¿Vivir una vida sin placeres? ¿Tan mal estaba el placer?

Finalmente encontré la respuesta: el placer no es malo siempre que no provenga de satisfacer las tentaciones.

Los ejemplos más famosos y significativos de la historia sobre este aspecto los encontramos en la Biblia:

- La serpiente del jardín del Edén tentó a Eva y Eva tentó a Adán. No resistieron y ambos perdieron.
- Judas no resistió la tentación del dinero, traicionó a Jesús y acabó colgándose de una higuera.
- El diablo tentó a Jesús, Jesús resistió. Y, por lo tanto, venció.

Decía Tupac en una de sus mejores canciones: «Mi revelación es que hagas lo que tengas que hacer para resistir la tentación». Tenía razón. Y la tenía porque, simplemente, vale la pena hacerlo. Debes resistirte frente a todo lo que busque satisfacer los llamados «pecados capitales» o «vicios fundamentales», porque por mucho que nos atraiga el placer de verlos satisfechos, terminaremos perdiendo mucho más de lo que ganaremos con ello.

¿Qué ganaremos? Sin duda, ese placer momentáneo, pero… también culpabilidad, arrepentimiento, remordimientos, autorresentimiento, un deterioro de nuestra propia percepción, una peor autoconfianza y autoestima y… dolor.

¿Qué perderemos? Nuestra paz de espíritu. Y, con ello, mucha felicidad. Por supuesto, también perderemos mucha disciplina.

Ganaremos cosas malas y perderemos las más buenas e importantes. Como se dice en Mateo 16:26: «¿Y qué beneficio obtienes si ganas el mundo entero pero pierdes tu propia alma?».

Jamás hay que satisfacer la ira, la codicia, la envidia, la maldad, el orgullo o el ego, la gula, la lujuria, la avaricia, la pereza, la arrogancia, la venganza, la deshonestidad, la hipocresía, la crueldad, la vanidad, el rencor, la deslealtad, la desidia, etcétera. Es muy difícil, lo sé, pero yo creo que es la principal prueba que debemos superar.

Resistir las tentaciones supone el mayor acto de disciplina posible.

Dicho esto, parece que esté afirmando que a la vida se viene a sufrir y no a disfrutar de ella, que los placeres están prohibidos. Nada más lejos de la realidad. No es así. En la vida se pueden disfrutar multitud de placeres sin tener que sucumbir a las tentaciones. Solo hay que descartar aquellos placeres que no emanen de buenas fuentes.

¿Crees que no siento placer en mi vida? ¿Que estoy todo el día sufriendo y aguantándome? Pues, mira, paso mucho tiempo con mi familia, practico halterofilia, escucho música constantemente, leo todos los días, veo series y películas, juego con mis hijos, cocino, me encanta el tenis de mesa, doy largos paseos por la naturaleza, dibujo y pinto, veo documentales y hago más cosas aún.

No hay ni un solo placer en el mundo que me puedan ofrecer y que supere estos. Para mantenerlos, solo tengo que protegerlos de las tentaciones que vayan surgiendo. No hay más.

Para concluir este capítulo, déjame recordarte que no hay placer mayor que una vida feliz. Y a la felicidad no se llega dejándose llevar por las tentaciones.

Resiste. Atiende y busca solo aquello que te haga bien. A ti y a los tuyos.

REGLA N.º 27

No te falta tiempo, necesitas hábitos

Si escribieses una página al día podrías publicar un libro de 365 páginas en un año. Si caminases diez mil pasos al día, al acabar un año habrías andado casi cuatro millones de pasos. Si leyeses cada día diez páginas, tras un año habrás leído unos doce libros; en diez años, ciento veinte; y en una vida, cerca de mil. Si consiguieses no gastar cuatro euros diarios del dinero que ganas, en un año ahorrarías 1.460 euros, un sueldo entero. Si dedicases treinta minutos al día a aprender una nueva habilidad, en un año habrías invertido 182,5 horas en ella. Si meditases quince minutos al día, al final del año habrías pasado más de noventa horas meditando. Y si eliminases solo diez minutos de teléfono o redes sociales cada día, en un año habrías recuperado más de sesenta horas para dedicarlas a otras actividades más beneficiosas.

Es el poder de los pequeños actos sumados día tras día a lo largo del tiempo. Son prácticamente imbatibles.

Por eso ha terminado imponiéndose el gran tema de los hábitos en la literatura sobre desarrollo personal. Y es normal. Lo que haces sistemáticamente en tu día a día, acaba teniendo un peso gigantesco porque termina sumando mucho. Por ejemplo, ¿cómo consigo leer tanto? Me lo preguntan todas las semanas y la respuesta no está en la lectura rápida, tampoco leo cuatro horas al día ni sigo ningún método especial. En realidad, es muy sencillo: leo todos los días de mi vida. Leer forma parte de mis hábitos. No hay más.

¿Tan importantes son los hábitos? Pues sí, indudablemente. Porque constituyen la columna vertebral de lo que hacemos en la vida. Uno termina con la sensación de estar viviendo bien dependiendo de cómo son sus hábitos y de qué función tienen.

Llevo muchísimos años estudiando a la gente feliz y no me ha costado observar la relación que existe entre la calidad y el sentido de sus hábitos, y su felicidad.

Podríamos preguntarnos si esas personas son felices porque sus hábitos son buenos o si sus hábitos son buenos porque son felices. Pero yo intuyo que la explicación más plausible de las dos es la primera.

Es cierto que no se le puede adjudicar a los hábitos todo el poder para hacer feliz a una persona, pero sí le corresponde un peso notable. Voy a explicarte algo que me parece vital saber, algo que puede ayudar a comprender por qué hay tan poca gente feliz.

Hace un tiempo escuché una entrevista en el programa de Joe Rogan donde este citó un fragmento del libro *Walden*, de mi querido Thoreau, en el que se decía lo siguiente: «La mayoría de los hombres viven una vida de silenciosa desesperación». A continuación, Rogan explicó que era una de sus citas favoritas porque se veía reflejado en algunos momentos de su vida: «Yo he sido esa frase, te ves a ti mismo en este mundo y no ves la hora de escapar corriendo de todo». Justo en ese momento la entrevistadora le preguntó: «¿Cómo se queda la gente atrapada en eso?»; y entonces, al segundo y sin vacilar un instante, Rogan le respondió: «Facturas y obligaciones». No pudo dar más en el clavo. (La entrevista es genial, si te

No somos culpables al cien por cien del poco tiempo libre que nos queda, pero sí lo somos del uso que finalmente le damos.

interesa es la número 1299 de su pódcast, con Annie Jacobsen como invitada).

Lo que él quiere decir es que dedicamos una porción enorme de nuestra vida a las obligaciones, los compromisos adquiridos y las facturas que tenemos que pagar. Nuestra vida se ahoga en responsabilidades de las que es casi imposible escapar. Hay que pagar impuestos, la hipoteca o el alquiler, el coche y la gasolina a precios altísimos, hay que ahorrar para el futuro, hay que costear reparaciones y una comida cada vez más cara; si tienes hijos, debes proveerles de lo necesario; la electricidad se paga a precio de lujo, etcétera. Además, hay que ser un buen hijo, una buena pareja, un buen padre, un buen vecino, un buen trabajador, un buen compañero, un buen amigo y un buen miembro de la sociedad, con el compromiso y la responsabilidad añadida que esto supone. Estamos pillados por tú ya sabes dónde.

Esta es la fórmula mágica que he escuchado y leído muchas veces a lo largo de la vida:

8 horas de sueño.
8 horas de trabajo.
8 horas de tiempo libre.

Visto así, suena increíble, pero la realidad es que es bastante cuestionable porque a esas ocho horas de trabajo hay que sumarles el tiempo que pierdes en el trayecto, por ejemplo. Un tiempo que, además, ya le estás robando al tiempo libre. Un tiempo libre que dedicas a multitud de compromisos personales extras, como limpiar la casa, ordenar, cocinar, hacer la compra, ir a hacer recados, ducharte y vestirte, ir al baño, preparar las cosas de los niños, etcétera.

Si rehacemos debidamente la fórmula, nos queda así:

8 horas de sueño. De las que apenas te enteras, si es que las duermes, que esa es otra.

8 horas de trabajo. Que en realidad pueden ser muchas más.

8 horas de tiempo libre. Que, efectivamente, dedicas en gran parte a más obligaciones, deberes y tareas. Con suerte, puede que te queden dos o tres horas de esas ocho.

Como para criticar a los que se ponen una serie para evadirse de todo esto... No me veo capaz de juzgarlos, de ninguna manera. Lo único que puedo proponer aquí es que hagas el uso más consciente posible de las horas libres que tengas. Aquí es donde entran los hábitos. Los hábitos sirven para que no terminemos usando de cualquier manera nuestro poco tiempo verdaderamente libre.

Los hábitos están, por ejemplo, para que en lugar de mirar el teléfono a lo tonto, puedas leer un libro. Para que en lugar de estar en casa sentado en el sofá haciendo zapping, realices un entrenamiento de veinte minutos. Para que en lugar de estar dándole vueltas al café con leche, te pongas un poco de música que te haga sentir mejor. Para que en lugar de envenenarte leyendo Twitter y portales de noticias sensacionalistas de noche, cumplas tu rutina del sueño para descansar lo suficiente. Hace poco leí un estudio en el que la gente afirmaba que perdía horas de sueño a diario porque se quedaban hasta tarde mirando el móvil... ¡cuando ya estaban metidos en la cama! No puede ser.

La vida es dura y hay que asumir ciertas obligaciones y compromisos si queremos desarrollarnos en ella. Pero hay que tomar los justos y necesarios, solo los importantes. Así pues, no somos culpables al cien por cien del poco tiempo libre que nos queda, pero sí lo somos del uso que finalmente le damos.

Lo que propongo es que te hagas las siguientes preguntas:

- ¿Qué me gustaría hacer todos los días de mi vida?
- ¿Qué cosas, de hacerlas a diario, mejorarían mi vida?

Yo me hice esas mismas preguntas en su día y, a partir de ahí, comencé a leer más aún, a orar, a leer más la Biblia, a escribir, a meditar, a pasear más y a consumir más arte. Y a hacerlo todos los días. ¿El resultado? Una vida mejor. Una vida que amar.

¿Y sería mi vida peor sin esos hábitos? SÍ. Sin ninguna duda.

La vida no se construye solo a base de momentos especiales que surgen de vez en cuando, la vida se construye de lo que sucede en tu día a día…, porque nada pesa más que lo que se hace en el día a día.

REGLA N.º 28

Disciplina + Determinación = Superación

Si la disciplina es hacer lo debido cuando es debido, te apetezca o no, cueste o no, la determinación es no dejar de hacerlo nunca, pase lo que pase.

La disciplina es el esfuerzo. La determinación es el empeño.

Une estas dos virtudes hermanadas y podrás llegar a conocer tu máximo potencial.

Pienso que el ser humano es impaciente por naturaleza. Para comprobar esto, solo tienes que observar a los niños. Viven el presente con una intensidad increíble y hablarles de la semana que viene es como hablarle a un adulto sobre el año que viene. Seguro que recuerdas lo mucho que tardaba tu cumpleaños en llegar y lo insolentemente rápido que llega ahora. La cuestión es que a los niños hay que enseñarles a ser pacientes, lo que nos dice que la paciencia no es algo innato y que debe cultivarse, aprenderse. Y la verdad es que cuesta, cuesta muchísimo. Hay pocas cosas más difíciles en la vida que cultivar la paciencia, pero… no hay muchas más cosas mejores.

Ser paciente vale la pena. Es una de las virtudes que más valoro en el mundo. Y, además, desempeña un papel clave en la disciplina.

El caso es que todos alguna vez hemos echado mano de la disciplina, en especial cuando la necesidad ha apretado. No nos resulta una completa desconocida. Y debemos reconocer que siempre nos ha dado buenos resultados. Sin embargo, pocos son los que finalmente la adoptan como una virtud base con la que vivir y funcionar. ¿Cuál es la causa? La impaciencia y la duda sobre la utilidad de lo que estamos haciendo son los principales culpables de este fenómeno. Como suelo decir siempre: sembrar una semilla es fácil; regarla todos los días, complicado; esperar a ver si crece, difícil; y, si finalmente no brota, volver a sembrar otra y empezar desde el principio es algo heroico.

La disciplina es sembrar semillas. La determinación es completar el proceso una y otra vez, aunque a veces parezca que no crece nada de la tierra.

La verdad es que nadie quiere realizar un esfuerzo si piensa que no tendrá una recompensa final. Pero también es cierto que eso no se sabe hasta que se hace el esfuerzo y se comprueba qué efectos provoca. Una vez, un cliente me dijo: «Si yo supiese que esto va a funcionar al cien por cien, lo haría, sería disciplinado, pero la duda y pensar que voy a tener que esperar demasiado tiempo o que quizá no llegue a nada, hace que no piense ni en intentarlo».

Siguiendo con la analogía: nadie quiere sembrar semillas que no crecerán nunca. Nadie quiere esperar en vano. Y, sobre todo, a nadie le gusta la frustración de ver que su esfuerzo ha sido inútil.

¿Te puedo prometer que la disciplina hará que consigas todo lo que te propongas? No. Solo te puedo prometer que si vas a conseguir algo importante en tu vida, será siempre de la mano de la disciplina.

Quizá no es la verdad que esperabas, pero sigue siendo la verdad. Y es lo único a lo que tienes que atender, la verdad

La disciplina es el esfuerzo. La determinación es el empeño. Une estas dos virtudes y podrás llegar a conocer tu máximo potencial.

es lo único que permanece. Es lo único que hay que perseguir.

Cuando comiences tu camino en la disciplina verás que algunos de tus esfuerzos parecen no dar fruto. Ahí es donde entra en juego la paciencia. Yo he visto brotar semillas una década después de plantarlas, o incluso mucho más tarde. Comencé a escribir primero en blogs y foros, y después en redes sociales en 2008, siempre con la idea de ser escritor en algún futuro lejano. Todos los días plantaba mis semillas en forma de textos publicados. Doce años después recibí una oferta para escribir mi primer libro. ¿Tardó mucho? Ya lo ves. ¿Mereció la pena? No te imaginas cuánto.

Sé paciente; en la vida cada cosa tiene su velocidad.

Pero, como he dicho, no todo lo que harás tendrá recompensa. Un día harás lo debido, en el momento debido y como es debido y... no tendrás recompensa.

Ahí entra la determinación. La determinación es ver que la semilla estaba vacía, lamentarlo, quizá incluso enfadarse, pero, aun así, sembrar otra. Es seguir, a pesar de los momentos difíciles. Es continuar cuando existen excusas para abandonar.

Existe un ejemplo perfecto para plasmar lo que acabo de decir, y se refleja en las personas que intentan bajar de peso. Las que acaban consiguiendo su peso ideal no son aquellas que semana tras semana pierden peso, eso no lo consigue casi nadie. Las que terminan triunfando son aquellas que, aunque alguna semana no solo no bajen de peso sino que incluso suban, siguen adelante con su plan. Como un martillo pilón. Hasta que terminan lo que habían empezado. Por otra parte, hablando con un buen cliente que se dedica al sector de la nutrición, me contó una vez que las personas que más abandonan su intento de perder peso no son aquellas que bajan de peso despacio, sino aquellas que van bajando sin fallo semana tras semana y, de repente, un día se pesan y ven que han subido un kilo. Entonces lo mandan todo al garete y abandonan por completo el plan.

Empezar a ser disciplinado te costará, pero podrás soportarlo, más aún cuando consigas tus primeros resultados y beneficios. Lo difícil será seguir siendo disciplinado, seguir intentándolo, cuando esos resultados no lleguen, cuando la frustración, la rabia y el desánimo aparezcan. Es ahí donde la mayoría abandonan. Ahí está el peligro. Te lo digo porque quiero que estés preparado para cuando suceda, porque va a suceder. No te engañes. Va a pasar. Tarde o temprano te verás a ti mismo diciendo que esto no sirve para nada, que la disciplina no vale, que la meritocracia es un timo y que no hay que esforzarse porque la vida es injusta. Yo no te voy a prohibir la pataleta. Faltaría más. De hecho, si estuviese contigo ahí en ese momento te dejaría rabiar, llorar y decir que la disciplina es un asco. Pero después, tras eso, te diría: «Vale, pero ahora volvamos al trabajo, sigamos».

Si eres disciplinado y soportas con determinación los sinsabores que, sin duda, alguna vez encontrarás por el camino, y sigues confiando en la disciplina, te prometo que lograrás todo lo que esté dentro de tu potencial. No tengas ninguna duda, es así y punto.

Pese a todo esto, quiero decirte algo muy importante: no es del todo cierto que la disciplina pueda dejarte alguna vez sin recompensa. El ejercicio de la disciplina ofrece, en última instancia, una muestra vital de respeto por uno mismo, una señal inequívoca de responsabilidad y de amor propio. Y no es algo que se pueda despreciar así como así. Nadie va sobrado de esto.

Desearía de verdad que todos tus esfuerzos obtuvieran exactamente el premio que buscabas, o incluso mayor, pero la vida es como es y hay que aceptarla, aunque a veces no la entendamos o nos parezca injusta.

Como me dijo una vez mi abuelo cuando yo era pequeño, tras una pelea con unos niños del barrio: «Esto es lo que hay, la vida es así, llora si lo necesitas, pero levántate de una maldita vez y al menos llora con dignidad. La próxima vez procura pelear más fuerte».

Grábate esto en el corazón:

DISCIPLINA + DETERMINACIÓN = SUPERACIÓN.

REGLA N.° 29

Hazlo a tu manera (no tienes por qué madrugar)

Más de cien veces habré recibido un correo con el siguiente mensaje: «Joan, me encantaría ser disciplinado, pero no puedo madrugar; lo he intentado, pero soy incapaz».

A una de esas personas le respondí: «¿Quién ha dicho que para ser disciplinado haya que madrugar?». Su respuesta fue la siguiente: «Pues… todo el mundo». No le faltaba razón con esto último.

Madrugar está de moda. Antes, en otros tiempos, era más bien una faena, ahora es el sello de distinción de «la mentalidad de tiburón». Si no madrugas, eres un vago y no te espera otra cosa en la vida que el fracaso. Esto lo dicen, obviamente, personas que madrugan de forma voluntaria o personas que viven de decirles a los demás que si no madrugan lo tienen crudo para triunfar.

La semana pasada vi un vídeo corto genial en el que salía un chico de espaldas a la cámara y un texto que ponía: «Los que madrugan sin necesidad». Acto seguido, el muchacho se giraba con una taza enorme de café en la mano y con unas ojeras descomunales, miraba a cámara y decía: «Sí, soy mejor que tú». Era una sátira bastante acertada sobre esta curiosa moda. Me reí muchísimo.

Te dice esto una persona a la que le gusta madrugar. Me

levanto todos los días a eso de las seis o seis y media. ¿Por qué? Porque es la hora en la que tengo un despertar más natural. Me acuesto a las once y media, duermo siete horas seguidas, me levanto y luego a mediodía hago una siesta de unos noventa minutos.

Pero también te digo que he tenido épocas en las que me he levantado mucho antes, a las cuatro y media, a las cinco, etcétera. Llegué a probar despertarme cada día a las tres y media. Lo hice porque buscaba la opción que mejor me pudiese ir, la que se adaptase mejor a mi vida y mis objetivos. Probé hasta el sueño trifásico, es decir, dormir en tres fases distintas del día. No paré hasta que encontré lo que mejor iba conmigo, y sin forzarlo.

Te aconsejo que hagas lo mismo. No te obligues a seguir un método que va en contra de tu naturaleza. La verdad es que hay personas que están hechas para madrugar y otras para trasnochar. Es cierto que quizá seas de las primeras y no lo sepas, y necesites una etapa de adaptación que posiblemente te cueste bastante al principio, pero en pocas semanas descubrirás si eres un búho o una alondra. A los que tienen más energía por la mañana se les llama «alondras» y a los que la tienen por noche, «búhos». Yo por la noche sirvo para leer y poco más, no valgo ni para tener una conversación. Sin embargo, por la mañana podría derribar un muro a cabezazos o escribirte un libro. Otros, es justo al revés. Lo ideal es que descubras o respetes lo que eres, búho o alondra. Tu mayor rendimiento siempre estará en tus máximos momentos de energía, ignorar esto es hacerte un flaco favor. Si eres de natural trasnochador y te fuerzas a madrugar, lo más probable es que no le saques partido y termines haciendo menos y peor.

Me gustaría señalar que esta es la fuente de un porcentaje muy grande de descontento en el puesto de trabajo. Sé que la

Intenta respetar tu naturaleza en todos los ámbitos posibles.

necesidad se impone, que hay que atender nuestras obligaciones y responsabilidades, pero si eres un trasnochador natural no deberías permanecer demasiado tiempo en un trabajo que te exija madrugar. Y al revés, igual. Intenta respetar tu naturaleza en todos los ámbitos posibles.

Si aun así consideras que madrugar y levantarte a las cinco es tu mejor opción, adelante, pero sé realista. No seas como algunos que me dicen que llevan dos meses levantándose a las cinco de la mañana, pero que están agotados, y cuando les preguntas a qué hora se acuestan, te dicen que se meten en la cama a las doce o a la una. Caray, es normal que estén reventados. A mí también me gustaría acostarme a las dos de la madrugada y despertarme como una rosa a las cinco, pero nadie, absolutamente nadie, puede vivir bien a medio o largo plazo sin descansar lo suficiente. Necesitas dormir. «Dormir es de cobardes» y tonterías por el estilo son demasiado frecuentes. No les hagas caso. Si priorizas rendir, antes debes priorizar dormir las suficientes horas y, además, dormirlas bien.

No es una cuestión de agallas, es de sentido común.

David era un cliente que trabajaba como informático de nueve a cinco y tenía una gran idea para crear su propio negocio. Leyó un libro muy famoso de superproductividad y empezó a levantarse a las cinco de la mañana para dar salida al proyecto. Al cabo de tres meses, apenas había avanzado. Fue en ese punto cuando me contrató para que le echase una mano. Me habló de su negocio, del producto, del marketing, etcétera. Pero antes de empezar, le pregunté por qué se estaba levantando tan temprano. Se lo pregunté por verdadera curiosidad, en principio no tenía nada en contra.

—He leído en varios libros que era la mejor opción —me respondió.

—Ah, pero… ¿te funciona? Hay personas a las que no.

—La verdad es que me noto espeso, pero los libros...

—Deja los libros tranquilos un momento, ¿qué te dicen tus sensaciones? —le interrumpí.

—Las sensaciones no son buenas, pero me convenció el argumento de que a esas horas de la madrugada no hay interrupciones y nadie te molesta.

—De acuerdo, pero por la noche tampoco las hay. ¿Recibes muchas llamadas de las diez a las doce de la noche?

—No...

—Vamos a probar, te levantas a las cinco y, entre que te duchas, te vistes, te pones el café y demás, estarás empezando cada día a las cinco y media. Ayer me dijiste que a las ocho parabas para preparar las cosas e irte al trabajo. Son dos horas y media de trabajo efectivo. Prueba durante tres meses a trabajar por la noche, de nueve y media a once y media. Luego te acostarás y por la mañana te levantarás a las ocho para ir a trabajar. ¿De acuerdo?

—Pero perderé media hora diaria, Joan.

—Sí, pero sospecho que quedará compensada por una mejoría en tu rendimiento. Prueba y vamos hablando.

El cambio fue exagerado. En cuatro semanas mi cliente hizo más que en los tres meses anteriores. En la sexta semana lanzó un servicio de asesoría por correo electrónico y en la décima semana ya estaba ganando lo mismo que ganaba con su trabajo. Dos meses después lo dejó y pasó a dedicarse a tiempo completo a su nueva empresa.

He tenido cientos de clientes de éxito que no madrugaban. Tomás se dedicaba a la compraventa de inmuebles de lujo y se despertaba cada día a las nueve de la mañana porque se quedaba hasta tarde leyendo. Alejandro era abogado y se despertaba a las nueve para llegar a su despacho a las diez, y también dedicaba la noche a estudiarse sus casos y ponerse al día con el papeleo. Marta se despertaba a las nueve y media porque de noche aprovechaba para escribir guiones para las formaciones profesionales que hacía durante el día, desde las once de la mañana hasta media tarde. Podría llenar libros con las historias de éxito que he vivido en primera persona con clientes que no madrugaban, todos ellos trasnochadores. El más exagerado quizá sea el de un cliente escultor que solo trabajaba de noche, decía que de día nunca le salía nada. ¿Qué sentido tiene forzar por forzar? Madruga si quieres y crees que va contigo, si vas a rendir más. Si no, déjalo. Y no pasa nada. No hay un único camino válido hacia el éxito.

Como he dicho antes, yo madrugo porque tengo más energía por la mañana y porque, si es posible, me gusta trabajar solo mientras mis hijos duermen o están en el colegio, así puedo disfrutar con ellos el resto del tiempo. Ese es el camino que quiero vivir y por el que vale la pena que luche.

Busca tú el tuyo.

Y hazlo a tu manera.

REGLA N.º 30

Un amigo que te tienta no es un buen amigo

Elegir bien a tus amigos es una de las elecciones más cruciales de la vida. Tuve buenos amigos de niño, buenos y fieles amigos de adolescente (aunque un poco salvajes), increíbles amigos entrando en la adultez, y cerca de los treinta me hice amigo de algunas de las personas más maravillosas que podría encontrar en mil vidas.

Solo hay una mancha en este precioso expediente y coincide con la peor época de mi vida. Tengo que decirte que no creo que sea una coincidencia.

Pero, antes de seguir, hay que responder a la pregunta más pertinente posible: ¿qué es un buen amigo?

Un buen amigo es aquel que jamás permitiría que hicieses nada en tu contra.

Un buen amigo, por supuesto, es aquel que jamás haría nada que fuese en tu contra.

Un buen amigo es aquel que jamás te dejaría juntarte con malos amigos.

Un buen amigo jamás dejaría que te hicieses daño.

Un buen amigo jamás te mentiría ni permitiría que tú mismo te mintieses.

Un buen amigo jamás te abandonaría en los peores momentos.

Un buen amigo siempre se alegraría de tus éxitos y jamás de tus errores.

Un buen amigo jamás hablaría mal de ti a tus espaldas y te defendería si alguien lo hiciese en su presencia.

Y, sobre todo, un buen amigo nunca te tentaría. Al contrario, te ayudaría a evitar las tentaciones.

Volviendo a la mancha en mi expediente: ¿cómo eran esos amigos con los que me junté en la peor época de mi vida? Te lo explico: nunca, ni una sola vez saliendo de fiesta, ni uno solo de ellos me dijo: «Joan, ya es suficiente, no bebas más». Al contrario, no me había terminado un cubata y ya tenía otro en la barra. Tampoco me dijeron nunca: «Creo que ya es hora de marcharnos a casa, ya está bien por esta noche» o «No te juntes con esa chica, no es buena para ti». Puedo recordar que alguna que otra vez desaparecieron cuando comenzó una pelea en la que yo me había visto envuelto y que ellos mismos habían provocado. Así eran.

Fue un momento terrible de mi vida. Y así fue hasta que todo aquello terminó una noche cualquiera. Me llamaron para salir y tuve la disciplina suficiente como para no contestar. Me llamaron seis veces seguidas. Aguanté las seis. Apagué el teléfono y me puse una película tras otra hasta que me quedé dormido. La semana siguiente volvieron a llamarme y seguí sin responder. Solo insistieron dos veces más. Volví a mi sesión interminable de películas hasta que me dormí en el sofá. No insistieron más. Al cabo de unos días me encontré con uno de ellos por la calle, por la mañana, yendo él a trabajar. «¿Ya no nos coges el teléfono?», me dijo. «Lo siento, tendría que habéroslo dicho, pero no sabía si me acabaríais convenciendo o si me dejaría convencer, no saldré más con vosotros. Me divierto mucho pero me preocupa que esto acabe mal. Gracias por la compañía, os deseo lo mejor», le contesté. Y me fui. Prefiero

No vayas con personas que son un reflejo de lo que no te gustaría ser.

no contar cómo se fueron desarrollando sus vidas pero te lo puedes imaginar. Sinceramente, no sé qué habría pasado conmigo de no haberlos dejado de lado.

Corintios 10:32 dice: «No seamos piedra de tropiezo para nadie».

Es un consejo sublime. Tampoco nos quedemos cerca de quienes son piedra de tropiezo para nosotros. Sobre todo, alejémonos de quienes tienen una inclinación especial por los tropiezos y por hacer tropezar a los demás.

La disciplina no puede florecer entre malas compañías. Es imposible. De hecho, tener malos amigos es una señal inequívoca de unos niveles paupérrimos de disciplina. Si «disciplina» es hacer lo que es debido, ¿no sería lo debido no ir con malos amigos? Piénsalo.

Esta es la conversación que tuve en una ocasión con una clienta que se encontraba en plena época de exámenes:

—Les digo que tengo que estudiar y no paran de decirme que vaya con ellas a cenar o de fiesta. Y si no voy, se enfadan, me llaman amargada y me dicen que estoy obsesionada —me contó.

—Lo siento, pero no creo que tengas unas amigas demasiado buenas.

—¿Tú crees, Joan? —me dijo.

—A ver, no es que no te apoyen, es que te están boicoteando e insultando. Si quieres les voy pidiendo el premio a las mejores amigas del año.

—¿Qué esperarías tú que hiciese un buen amigo?

—Ayudar. Si yo fuese tu amiga, igual me acercaría a traerte un termo con café o un pastel para darte ánimos, o, como mínimo, te preguntaría si hay algo que pueda hacer por ti. En el peor de los casos, te mandaría un mensaje dándote ánimos e intentaría no molestarte.

—La verdad es que eso me vendría muy bien para lo que estoy intentando conseguir.

Evidentemente.

No vayas con personas que son un reflejo de lo que no te gustaría ser. Punto. No hay más.

No te juntes con amigos que no querrías para tus hijos.

Y, si puede ser, ve con personas que sean un ejemplo para ti. Personas de las que puedas admirar alguna virtud. Por ejemplo, mi mejor amigo, Raúl, es una de las mejores personas que he conocido en mi vida. Tener al lado a una persona tan bondadosa, con un corazón tan grande, me hizo querer ser más como él en ese aspecto. Trabajar a los dieciséis años para una persona tan leal y fuerte como Sam, hizo de mí al menos la mitad del hombre que soy. Por no hablar de todos los amigos que he ido haciendo en los últimos quince años con intereses como los míos, con los que he descubierto cientos de autores, con los que nos hemos cruzado cientos de consejos útiles, con los que nos hemos ido apoyando y animando en nuestros caminos como emprendedores y muchas cosas más.

Te daré un consejo práctico sobre la disciplina: búscate al menos un amigo que sea más disciplinado que tú. Y aprende de él todo lo que puedas.

Fue lo que le dije a un cliente hace poco menos de un año. Él estaba luchando por sacar adelante un negocio online, pero encontraba mucha resistencia en su entorno. Siempre que sacaba el tema del trabajo, las finanzas o la lectura se encontraba con una fuerte censura por parte de los demás. «Abel, tío, no empieces otra vez con tus rollos», le decían, entre otras lindezas. Yo, sabiendo esto, solo le pedí una cosa: «Busca en tu agenda a un amigo, aunque haga tiempo que no hablas con él, que sea emprendedor, disciplinado, organizado y que sea buena persona. Llámalo y dile que te gustaría tomar un café con él. Si accede, le dices el punto en el que estás y le propones quedar cada dos o tres semanas para ayudaros mutuamente». Mi cliente me hizo caso y su contacto accedió. Al cabo de un mes se les unió otro amigo; poco después, otro, y así fue la cosa hasta que organizaron una especie de grupo de emprendedores. La última vez que le pregunté, eran doce. Alucinante. Se reúnen una vez al mes para cenar y se pasan horas hablando sobre sus asuntos y sus experiencias, animándose y apoyándose entre todos.

«Joan, es el mejor consejo que me han dado jamás. Así, esto es mucho más fácil», me dijo mi cliente.

Los amigos no deben tratarse como una inversión de los que sacar un beneficio totalmente interesado, pero… la verdad es que unos buenos amigos y una red amplia de buenos contactos es una de las mejores inversiones que hay en la vida.

Ten solo buenos amigos.

Y, si estás solo, ten paciencia.

Acuérdate de uno de los refranes más certeros que existen: «Más vale estar solo que mal acompañado».

REGLA N.° 31

No te exijas la perfección

Hace poco menos de medio año tuve una sesión muy reveladora con una clienta. Me pidió, desesperada, que la ayudase con su autoexigencia. Cito sus propias palabras: «Me estoy reventando sola».

Yo le expliqué que la autoexigencia suele ser solo el reflejo del verdadero problema. Teníamos que descubrir qué la estaba causando y qué función tenía. Para mí era evidente que aquello no era más que un efecto de una causa anterior que debíamos encontrar para poder dar con el remedio.

Muchas veces nos centramos en los efectos, en los síntomas de aquello que nos sucede, y por eso no hallamos la solución. Cuando un televisor no funciona, raro es que la avería se encuentre en la pantalla. El síntoma es que en la pantalla no se ve nada, pero eso no significa que el mal esté ahí. ¿Acaso cuando un boli deja de escribir pensamos que el problema está en la punta? No, lo más probable es que no escriba porque se ha terminado la tinta.

Con mi clienta lo enfocamos así y en diez minutos teníamos el origen de su problemática.

Me contó que durante toda su vida su madre no había parado de exigirle más y más. Por ejemplo, si sacaba un 9,5 en un examen, su madre, en lugar de apreciar esa nota, le pedía explicaciones por no haber sacado un diez. Me contó también que en una reunión con su profesora del instituto, esta le comentó que era una niña tan buena que solo había fallado en la entrega de uno de los deberes de clase en todo el año. Cuando su madre regresó a casa, le echó una bronca monumental y la castigó un mes.

«Me has decepcionado», le dijo. Esta es una de las peores cosas que se le puede decir a un hijo, por cierto.

A partir de ahí la conclusión de mi clienta fue la lógica para una mente en proceso de maduración: «Si fuese perfecta estas cosas no pasarían, tengo que ser perfecta para no decepcionar a mamá». Que es como decir que tenía que ser perfecta para no sentirse rechazada por su madre.

Así aprendió a funcionar en el mundo y a protegerse del rechazo.

Esto suele ser, en la mayoría de los casos, lo que justifica el perfeccionismo y una autoexigencia desmedida. En resumen: el perfeccionismo se suele usar como medida de protección contra el rechazo, como llave para la validación y aceptación de los demás y para contrarrestar el miedo a no ser lo suficientemente bueno. «Si fuese lo suficientemente buena, nunca podría decepcionar a mamá, jamás se enfadaría conmigo y me querría más y por siempre. Y yo quedaría a salvo del dolor y el sufrimiento»: esta es la creencia que se formó mi clienta y que adoptó para relacionarse con todas las personas. Te puedes imaginar el grado de agotamiento al que había llegado, estaba consumida en sí misma.

Porque no puede haber nada más agotador que exigirse la perfección. Es tan agotador como pretender tocar la base de un arcoíris. Y tan desesperante como el castigo de Sísifo, condenado por Zeus a empujar una roca enorme cuesta arriba por una colina, solo para verla rodar hacia abajo cada vez que

Pocas cosas hay más valientes que atreverse a ser una persona imperfecta.

alcanzaba la cima, repitiendo esta tarea inútil por toda la eternidad.

Como expliqué en mi primer libro, *Nunca renuncies a ser feliz*, la perfección es imposible para nosotros porque somos seres imperfectos. Y algo imperfecto no puede crear nada perfecto, como no se puede crear una mesa de madera de un bloque de piedra.

Pero sucede que el perfeccionismo es una de las excusas más toleradas e incluso valoradas del mundo. ¿Quién va a criticarme por querer alcanzar la perfección en aquello que hago? ¿Me criticarías tú por intentar escribirte un libro perfecto? Supongo que no; de hecho, yo quisiera poder hacerlo, pero me tengo que conformar escribiendo el mejor libro que puedo escribir. Esa es la exigencia que me autoimpongo sin pararme a pensar cuán alejado quedará finalmente de la perfección.

Hace unos años escuché a una persona decir en televisión que el perfeccionismo era una señal extremadamente buena porque significaba que uno mismo se veía capaz de hacer las cosas perfectas. Me pareció, con perdón, una burrada. Si me veo capaz de volar, ¿sería bueno intentarlo? Es un ejemplo un poco bruto, pero que refleja la misma idea: la perfección es tan imposible para el ser humano como volar.

A mi clienta le expliqué estas y más cosas. Con un poco de tiempo y mucho trabajo fue encajando las piezas del puzle. Paulatinamente, fue cambiando la autoexigencia de la perfección por una mucho más amable y, sobre todo, más humana. Hizo un trabajo de una disciplina increíble, pues su tendencia era volver todo el tiempo al refugio del perfeccionismo. Al final, consiguió liberarse de él y también de la necesidad de ser aceptada y valorada por todos.

«He entendido que yo no tengo la culpa de las exigencias desmesuradas que los demás tienen conmigo», me dijo un día. Qué bonita forma de decirlo. Cuánta dignidad hay ahí.

Tienes que ponerte unas exigencias loables, bonitas, a la altura de lo mejor que puedas dar. Pero no debes pedirte ni un ápice más que eso.

No puedes usar la disciplina para buscar la perfección porque te aseguro que no la vas a encontrar. Lo que sí encontrarás será un agotamiento físico y mental definitivo.

Paradójicamente, el perfeccionismo lleva a la inacción. Y, si lo piensas, no hay nada más seguro (aunque cobarde) que no hacer nada: si no haces nada, no pueden criticarte salvo por el mismo hecho de no hacer nada. No pueden criticarme un libro que nunca he publicado. Ni puedes suspender una oposición a la que nunca te has presentado. Como tampoco te puede abandonar una pareja que nunca has tenido.

La mejor disciplina conlleva un signo inequívoco de valentía. Tienes que hacer disciplina valiente. Y pocas cosas hay más valientes que atreverse a ser una persona imperfecta.

Relájate, hazlo lo mejor que puedas, pero no te exijas la perfección. Nunca.

REGLA N.º 32

Ponte plazos realistas y respétalos

Los plazos no son de relativa importancia, sino de vital importancia.

Hace apenas unas semanas me propuse cambiar de compañía proveedora de internet. Hago muchas videoconferencias a la semana, varias de ellas con decenas de personas a la vez y necesito una buena conexión. Como, además, trabajo en casa, hay otras personas usando internet, así que necesitamos una conexión con una potencia considerable.

Contacté con una primera empresa para hacer la portabilidad desde mi anterior proveedor y me respondieron que me llamarían al día siguiente para formalizar el proceso. Al día siguiente no me llamaron. Al otro, tampoco. Me llamaron al tercer día. «Esto es intolerable, me dijeron que me llamarían al día siguiente», pensé. Les dije que tenía que pensarlo porque me había parecido una falta de seriedad y respeto que debía tener muy en cuenta. Ese mismo día llamé a otra empresa de la competencia. Les expuse lo que quería y les pedí celeridad en el proceso. Era jueves por la tarde. Les expliqué que, a más tardar, necesitaba que la conexión estuviese funcionando el lunes. «Sin problema, señor Gallardo, como tarde tendrá internet el lunes», me contestaron.

Al día siguiente, viernes, a las once de la mañana ya tenía mi nueva y potente conexión en casa. Eso es disciplina. Eso es seriedad. Eso es calidad. Eso es respeto por el cliente.

Ya te puedes imaginar a cuánta gente recomendaré esta empresa.

La disciplina y los plazos van de la mano. Porque la disciplina reside en cumplir con lo debido y, además, en el tiempo debido. Cuando me pidieron que escribiese este libro, la petición no solo contemplaba escribirlo, sino entregarlo en un plazo concreto. Imagina que, en efecto, lo termino, pero medio año más tarde. Menudo chiste, el autor que habla de la disciplina entregando el libro con seis meses de retraso.

No puede ser. Si me piden que escriba un libro y el plazo es razonable, depende de mi disciplina que esté terminado dentro del plazo. Punto. Por compromiso, responsabilidad y respeto por la editorial.

Hablaba en el capítulo anterior sobre el perfeccionismo; pues bien, una de las mejores curas contra él es acostumbrarse a terminar las cosas. Y para lograr esto, hay pocas estrategias mejores que imponerse plazos y respetarlos. Pero siempre que sean plazos razonables.

Hay que empezar por aquí. La imposición de un plazo no razonable puede llegar a ser peor que no imponerse ninguno en absoluto. ¿Puedo escribir un libro en una semana? Quizá sí, pero sería un libro bastante malo, seguro. Alguno me diría: «Bueno, mejor terminado que nunca hecho, ¿no?». Pues no, lo siento. Con toda probabilidad, si publico un libro muy malo, se acabó mi carrera como escritor. Tengo que decir que también contemplo como plazos no razonables aquellos que son ridículamente amplios hasta caer en la condescendencia. Imagina que me digo a mí mismo: «Quiero escribir un nuevo libro, voy a ponerme veinte años de plazo»; parece una broma salvo que pretenda crear algo monumental, con miles y miles de páginas. O supón, por ponerte algunos ejemplos más, que un amigo te dice que pretende sacarse la carrera de Derecho en quince años. O que alguien te comenta que quiere quitarse siete kilos de aquí al verano... de dentro de diez años. Es una locura. De igual manera, considerarías una majadería que un compañero te dijese que se quiere sacar una carrera de Ingeniería en dos años o quitarse cinco kilos de aquí al fin de semana siguiente.

Los plazos, como ves, están unidos de forma inevitable a la disciplina.

Que no haya plazos sería lo mismo que pretender jugar un partido de fútbol sin un tiempo estipulado. Imagínalo. Un partido de fútbol sin tiempo. El objetivo es ganar, pero no se ha declarado una duración para conseguirlo, ni un número de goles que alcanzar. Imagina que el árbitro, antes de empezar, dice a los equipos que el objetivo sigue siendo ganar, pero no menciona nada más que eso y da inicio al partido. El gran problema de algo así sería cómo decidir cuándo atacar, cuándo esperar y defender, cuándo presionar más, cuándo hacer los cambios, cuántos jugadores convocar, etcétera.

Sin plazos, no sé cuánto esforzarme. Si me esfuerzo más de la cuenta, quizá no llegue hasta el final por puro agotamiento o saturación. Si me confío demasiado, puede que no llegue a terminar nunca.

Si vas a hacer algo importante, ya sea para ti u otros, lo mejor que puedes hacer es imponerte una fecha de inicio y una de finalización. Un plazo exigente pero amable y realista. Y una vez estipulado, respetarlo y cumplirlo.

Quizá te lleve un tiempo dominar el arte de los plazos, pero si insistes terminarás por hacerlo bien y gozarás de todas las bondades que ofrece. A mi ayudante siempre le marco un

Hay pocas estrategias mejores que imponerse plazos y respetarlos. Pero siempre que sean plazos razonables.

plazo a sus tareas, es lo que le permite tener la sensación de estar cumpliendo con lo que le pido y le permite dosificar su energía como es debido para no quemarse nunca.

Yo mismo me impongo plazos en prácticamente todo lo que hago. Me sirve mucho para comprender dónde están los límites de lo que puedo y no puedo realizar. Me ayuda a no sobrevalorar ni infravalorar el tiempo que me llevarán las tareas que me propongo hacer. Y, lo que es más importante, evita la postergación y me empuja hacia la valentía de dar por terminado lo que sea que haya empezado. Para mí esto es crucial porque siempre podrías hacer una revisión más a un texto, podrías dar una pincelada más a un lienzo, podrías volver a grabar desde cero un episodio del pódcast o dedicar un rato más a estudiar un caso con un cliente. Pero eso es una locura que solo puede evitarse al imponer una fecha límite para terminar las cosas o, en última instancia, para abandonarlas sin terminar, que también es una forma de acabarlas.

No todo lo que se empieza debe terminarse si no merece la pena. La cuestión es ponerle un final y no pasar más tiempo del debido dándole vueltas.

Como le dije hace unos años a un amigo artista: «Oye, ese cuadro lleva tres años en el caballete. Creo que deberías exponerlo tal como está o prenderle fuego. Así no puedes seguir, estás parando toda tu producción por su culpa».

Al final, lo expuso tal cual estaba y se lo compraron ese mismo día.

Ponte plazos. Comprométete y respétalos.

REGLA N.º 33

No rompas las promesas que te hagas

«A Dios pongo por testigo. A Dios pongo por testigo de que no lograrán aplastarme. Viviré por encima de todo esto y, cuando haya terminado, nunca volveré a saber lo que es hambre. No, ni yo ni ninguno de los míos. Aunque tenga que estafar, que ser ladrona o asesinar. A Dios pongo por testigo de que nunca volveré a pasar hambre». Seguro que esto te suena; lo dice Escarlata O'Hara al final de *Lo que el viento se llevó*.

Dejando de lado lo de estafar, robar o asesinar (son delitos muy graves), le quedó por hacerse una promesa muy fuerte e importante que, de respetarla, le habría asegurado no pasar por situaciones de extrema dificultad y penuria.

Es importante mantener las promesas. Por eso también es vital no prometer lo que no se puede cumplir.

En la vida solo hay espacio para un puñado pequeño de promesas que respetar, que cumplir a toda costa. Y creo que es necesario que seamos nosotros mismos los destinatarios de algunas de ellas.

¿A qué tipo de promesas me refiero? En especial, a aquellas que nos evitarían pasar por situaciones muy negativas. Promesas que, ante la posibilidad de desviarse del camino, nos devolviesen a la senda correcta. Aquellas que nos enderezarían.

Yo he roto promesas que me hice en su día. Me prometí que no consentiría vivir cosas que al final permití, y lo pagué con severidad. Ya sabes, las puñeteras excepciones. Desde ese momento, sí tuve la fortaleza y la disciplina necesarias para mantener otras que he respetado hasta el día de hoy. Tengo que decir que he hecho pocas cosas mejores en mi vida que mantener esas promesas. He aquí algunos ejemplos:

Nunca hacer nada que pueda ir en mi contra.
No hacer nunca un daño innecesario a otros.
No juntarme con malas compañías.
No guardar rencor jamás y perdonar siempre.
No caer en las garras del materialismo y el consumismo.
Poner a Dios por encima de todas las cosas.
Y, por supuesto, ya lo sabes: hacer siempre lo debido en el momento y la forma debida, me cueste o no, me apetezca o no.

Hay alguna más que me guardo para mí, pero no muchas más.

¿Qué tienen de especial estas promesas para mí? La respuesta reside en que están ahí para evitar que repita los errores del pasado que una vez pudieron torcer mi vida para siempre. Ni más, ni menos.

Mis promesas son mi seguro de vida. Mi red de seguridad. Mi paracaídas personal. Mientras las mantenga, no me descarriaré. Estoy convencido.

Además, saber que todos los días mantengo en pie esas promesas supone una muestra incuestionable de respeto por mí mismo y mi futuro. Me mando una señal tan buena como la que me podría mandar un amigo que mantuviese siempre sus promesas conmigo.

**Yo prefiero
que me fallen
a fallarme
a mí mismo.
Y con mucha
diferencia.**

¿Nunca han roto una promesa que te hicieron? Supongo que te dolió, ¿verdad? ¿Y nunca has roto una promesa que te hiciste a ti mismo? ¿Te dolió más o menos que cuando otros las rompieron? Seguro que mucho más.

Con diferencia, lo que más me ha costado perdonar en estos cuarenta años de vida han sido mis errores conscientes, las veces que me traicioné. Las veces que me fallé. Todas esas ocasiones en las que sabía perfectamente que iba a estrellarme y, aun así, decidí acelerar hacia el muro. En algunos casos, estuve años pagándolo espiritualmente. No podía evitar pensar: «¿Por qué me hice eso? Sabía que me iba a estrellar, que no era bueno para mí, que era una malísima idea». Es muy complicado perdonar algo así porque hay mucha culpa en ello, mucha conciencia. Es como cuando tenemos que perdonar a alguien que nos ha hecho daño sin querer, que no nos cuesta. Pero perdonar a alguien que nos ha hecho daño con alevosía y a sabiendas es… una proeza, muy muy difícil.

Por eso te digo que eres la última persona a la que te interesa fallar, porque eres la persona a la que más te va a costar perdonar.

Yo prefiero que me fallen a fallarme a mí mismo. Y con mucha diferencia.

Hazte promesas que de ti dependa cumplirlas. Promesas que conserven lo más importante de tu vida. Que te mantengan en el sendero correcto. Que te protejan de ti mismo. Promesas por las que merezca la pena sufrir. Que te lleven en volandas cuando flaquees. Que conserven inmaculados tus valores. Que te sirvan para proteger lo que más amas. Y luego respétalas. Cúmplelas.

Finalmente, si por desgracia fallas, no te rindas. Ponte en pie cuanto antes, sacúdete el polvo, aprende de la caída, enjúgate las lágrimas, abandona los lamentos e inténtalo de nuevo.

Recuerda que es más fácil perdonarse los errores cuando no dejas de intentarlo.

Había un chico en mi barrio que era la mitad de alto que los demás. También era bastante torpe y muy malo jugando al fútbol. Él siempre quería jugar, pero era terriblemente malo. En los primeros partidos quería estrangularlo. Odiaba tenerlo en mi equipo, pero después de tres o cuatro partidillos vi una cosa que me hizo cambiar mi percepción de él para siempre: cuando fallaba, se ponía triste y se enfadaba con él incluso más que yo. Y, pese a ello, seguía intentándolo. Podría haber asumido que no era lo suyo y decidir no jugar más, pero no, él seguía viniendo. Entendí que tenía mucho más mérito que yo al jugar, porque era increíblemente más valiente. Yo era bueno en el fútbol, ¿qué mérito tenía? No me exponía en absoluto, más bien me exhibía. Empecé a darle ánimos y a elegirlo siempre en mi equipo. Cada vez que fallaba un pase, un chut a gol o una jugada defensiva venía corriendo y me decía: «Perdona, tío, la he cagado, intentaré hacerlo mejor, de verdad». ¿Cómo no iba a perdonar a alguien así? ¿Cómo no iba a dejar que lo siguiese intentando con esa voluntad? Tanto me daba ganar, aquello era aún mejor.

Mientras te veas luchando por ti, mientras no te rindas, seguirás viéndote con buenos ojos, y será más fácil que puedas decirte: «Lo siento, la he cagado, intentaré hacerlo mejor, de verdad».

REGLA N.º 34

Aprende a defenderte, aunque no te guste

Silvia es una clienta que lleva más de seis años trabajando conmigo. Es una de las chicas más buenas y dulces que he conocido jamás. Empezamos a trabajar juntos para encaminar su carrera profesional. La ayudé a decidir qué carrera estudiar, cómo organizarse, cómo compaginar los estudios con su vida personal, cómo preparar después las posteriores entrevistas de trabajo, etcétera. Durante sus estudios, pocas veces vi a alguien más disciplinado que ella. No fallaba nunca. Era increíble. En varias ocasiones tuve que obligarla a cogerse días libres. «Silvia, no estudies más hasta el lunes, descansa, llegas de sobra», le decía. Ella me respondía que iba bien, que con la disciplina todo le costaba mucho menos, pero era tan disciplinada que hasta en eso me hizo caso. Sin embargo, las cosas comenzaron a torcerse cuando cogió un trabajo que, en apariencia, era ideal. Buen horario, buen sueldo, buenas condiciones… «¿Dónde estará el truco?», nos dijimos. Pero, oye, teníamos que intentarlo, así que empezó. Las primeras semanas fueron maravillosas, tenía unas compañeras de trabajo ideales y una encargada fabulosa. Ella me decía que le había tocado la lotería, pero yo, no sé exactamente por qué, tenía un mal presentimiento que un día se materializó. Silvia me dijo, en nuestra sesión, que una compañera le había preguntado cómo le iba el nuevo trabajo. Silvia le dijo que estaba encantada, a lo que la otra contestó: «Sí, cuando Maribel no está todo es genial, a ver cómo vuelve de sus vacaciones». Adiós. Ahí estaba el truco, el presentimiento.

Había una jefa por ahí de la que no nos habían hablado. Y con razón. El mismísimo día que se reincorporó, ya hizo llorar a mi clienta.

—¿Tú eres la nueva? —dijo la jefa.

—Sí, encantada —le respondió Silvia.

—Ya, seguro que sí. Vuelve a tu puesto. No creo que me dures demasiado.

Fue solo un pequeñísimo avance de lo que estaba por venir.

Silvia estaba consternada, y con razón. Aquella señora era un cruce de Úrsula de *La Sirenita* y Cruella De Vil de *101 dálmatas*. Malos gestos, malas palabras, broncas, tensión constante…, no te lo puedes imaginar. Era terrible. Yo he escuchado de todo en mi vida y dedico una parte importante de mi trabajo al mundo de la empresa, pero jamás había visto nada como aquella mujer.

Silvia me llamó un día, justo al salir del trabajo, y me pidió una sesión de urgencia.

—¿Qué hago Joan?

—Tranquila, tenemos opciones. ¿Cuánto necesitas el trabajo?

—A ver, tengo ahorros gracias a lo que me has enseñado para casos así… Me da mucha rabia porque todo lo demás es fantástico, pero es que cuando ella aparece… todas temblamos.

—¿Todas? ¿No se lleva bien con ninguna?

Silvia iba a contestar que no cuando, de repente, se quedó pensativa. Como si hubiese caído en algo.

—Bueno, hay una chica con la que no se mete. No es que sean amigas, pero la trata con respeto.

—¿Y por qué?

—No lo sé, en principio es solo una trabajadora como nosotras.

—¿Te llevas bien con ella?

—Sí, mucho.

—Pregúntale y mañana me llamas.

Silvia, confiando en mí como siempre, hizo lo que le dije y al salir me llamó de nuevo.

—Ya está, Joan.

—¿Y?

—Me ha dicho que al principio la trataba como nos trata a todas hasta que un día se hartó, se defendió y se enfrentó a ella.

—Me lo parecía. Pues ya sabes lo que te toca.

—Ay, no me digas eso, Joan. No quiero hacerlo.

—¿Te da miedo?

—No, miedo no, pero no me gusta tener que hacer cosas así…

—Entonces tendrás que dejar el trabajo.

—¿En serio, Joan? No me digas eso…

—Si te quedas en estas condiciones, acabarás mal. No tienes otra opción. O te enfrentas a ella y te defiendes o lo dejas.

—Pero, Joan…

—Silvia, haz lo debido. ¿Y qué es lo debido?

—Defenderme…

—¿Importa algo que no te apetezca hacerlo o que te cueste mucho?

—No, siempre me lo has dicho.

—¿Y alguna vez te ha fallado?

—No.

**Si defenderte
es lo debido,
defiéndete.
Si marcharte
es lo debido,
márchate.**

—Pues ya sabes.

Estuvimos preparándolo todo casi un mes. A veces ensayábamos la escena y yo hacía de su jefa para que fuese haciéndose a la idea. Cuando consideré que ya no había nada más que preparar, le dije a Silvia que pidiese una reunión. Se la dieron al día siguiente.

Le costó mucho, la noche antes no pudo dormir, pero hizo lo debido y fue a hablar con su jefa. Se defendió con toda la dignidad que puedas imaginarte. Le dijo que no iba a tolerar que le faltase al respeto y menos aún cuando ella siempre la había tratado bien. Con firmeza terminó diciéndole que era terrible que tuviese a doce compañeras con la moral por los suelos, a doce buenas chicas que hacían bien su trabajo. «No tienes derecho, no te hemos hecho nada, solo trabajar y trabajar, si esto no cambia me marcharé, puede que te dé igual, pero hasta aquí hemos llegado. Quiero quedarme, pero no así, ni un día más».

Yo estaba que no me lo podía creer, al igual que Silvia. Pero menos aún me podía creer lo que pasó al día siguiente. El resto de sus compañeras siguieron su ejemplo y se presentaron en la puerta del despacho de la jefa. A primera hora. Aquello era una rebelión en toda regla, pacífica pero seria.

Silvia les había mostrado el camino.

A su jefa no le quedó más remedio que recular. Puede que pienses que les salió bien como podría haberles salido mal, a lo que yo te diría que no sé cómo podría haber sido peor que lo que ya estaban viviendo aquellas pobres criaturas. Trabajo puedes encontrar otro, pero dignidad solo tienes una.

Silvia puso su disciplina donde tocaba, donde más la necesitaba, e hizo lo que tenía que hacer: defenderse.

¿Cuál era el plan si esa jefa no hubiese desistido? Buscar otro trabajo de inmediato y, al encontrarlo, en ese preciso instante, marcharse. ¿Y de no haber encontrado nada pronto? Dimitir y tirar de ahorros hasta encontrar algo. Eso lo tenía claro Silvia. «Prefiero perder mis ahorros que la cabeza», decía.

Tienes que aceptar la idea de que hay personas en el mundo cuya única ocupación parece ser hacerles la vida imposible a los demás. Pero te aseguro que lo hacen porque se les permite que se salgan con la suya. Estas personas viven del miedo porque, en la mayoría de los casos, ellas también tienen un miedo atroz a que les hagan daño. No las excusa pero las explica.

Si un día te cruzas con uno de estos individuos tienes que hacerles frente. Y si justamente te encuentras con un hueso demasiado duro de roer, tienes que marcharte.

Si defenderte es lo debido, defiéndete.

Si marcharte es lo debido, márchate.

Y esto te vale tanto para jefes como para «amigos», compañeros, familiares o quien sea.

Aprende a defenderte y jamás serás la víctima de nadie.

REGLA N.° 35

La disciplina necesita motivos, no motivación

Para la mayoría de las personas, la motivación es una fuerza que se busca con el fin de llevar a cabo cosas que no apetecen hacer.

Recuerdo, por ejemplo, que una vez estaba entrenando en el gimnasio y un chico le pidió al monitor que cambiase la música por otra más potente, porque la que sonaba no le motivaba para entrenar.

Para muchos, la motivación es para el alma lo que el café es para el cansancio. Es una especie de truco. Pero ya sabemos lo que pasa con el café. Si tomas demasiado, llega un momento en el que no te hace ningún efecto. Además, no puedes estar tomándote cafés todo el día porque podría terminar afectándote para mal.

Sin embargo, la palabra «motivación» tiene un significado crucialmente distinto al que se le suele dar. La RAE da la siguiente definición: «Conjunto de factores internos o externos que determinan en parte las acciones de una persona». Esto resulta mucho más certero y su uso no nos es del todo ajeno. Usamos bien la palabra «motivación» cuando nos referimos a los motivos por los que una persona hace lo que hace. Por ejemplo: «¿Qué le motivó a prenderle fuego a su casa? Estafar al seguro, cobrar una indemnización y poder pagar

Si tienes buenos motivos, no necesitas trucos que te motiven. Estás más que cubierto.

sus deudas con el juego». No es que se motivase para prenderle fuego a su casa, sino que, en este ejemplo extremo, tenía motivos para hacerlo: saldar una deuda. ¿Lo pillas?

Si recurrimos al sentido etimológico de la palabra, lo veremos aún más claro. La etimología de la palabra «motivación» deriva del latín *motivus* o *motus*, que significa «causa del movimiento». ¿Qué causa el movimiento? Ahí está la clave.

Volviendo al ejemplo anterior, si la «causa del movimiento» que te lleve a entrenar es la música que pones de fondo, estás recurriendo a una causa muy pobre que, tarde o temprano, te fallará. ¿Y si un día no das con la música adecuada? ¿Y si el hilo musical está averiado? ¿Y si te quedas sin batería en el teléfono y no puedes escuchar ahí tu propia música mientras entrenas?

Pero si tu «causa del movimiento» es mejor, más importante, la probabilidad de no hacer lo que te proponías se reduce al mínimo. Usando el mismo ejemplo, imaginemos que la «causa del movimiento» que te lleve a entrenar es que quieres estar bien físicamente para tener salud y cuidar a tus hijos, jugar con ellos, servirles de ejemplo en el autocuidado o defenderles si algún día fuese necesario. Ahora imagina que estás un día en casa y se acerca la hora de ir a entrenar pero la pereza te invade. Puedes buscar canciones que te «motiven» a ir o puedes recordar «los motivos» por los que te habías propuesto ir a entrenar. ¿Qué crees que sería mejor? Exacto.

No necesitas motivación, necesitas motivos.

Hay un episodio maravilloso de *Los Simpson* que refleja esto a la perfección. Homer deja su trabajo en la central nuclear para empezar a trabajar en la bolera, cosa que le llena una barbaridad. Disfruta muchísimo del momento hasta que se entera de que va a ser padre por tercera vez y que el sueldo de la bolera es demasiado bajo para mantener a tres hijos. Entonces toma una decisión muy difícil: deja el trabajo de sus sueños, vuelve arrastrándose, literalmente, a la central nuclear y pide recuperar su empleo. El señor Burns accede y Homer regresa a su puesto, pero con un detalle: como castigo por haber desertado previamente, le colocan una «placa de desmotivación» justo en la pared que más tiene a la vista en su puesto y que dice lo siguiente: «Don't forget, you're here forever», que quiere decir «No lo olvides, estás aquí para siempre». Ese día Homer vuelve a casa desanimado y sintiéndose tremendamente desgraciado. Pero no acaba ahí su día, puesto que Marge se pone de parto y da a luz a Maggie, la pequeña Simpson. Y, con ella, Homer recibe un gran motivo para seguir adelante con sus costosos días en la central nuclear. Al final del episodio su hijo Bart le pregunta por qué no hay apenas fotos de Maggie en casa, a lo que Homer le contesta que sí las hay, pero que están donde más las necesita. Unos segundos después vemos esas fotos repartidas por las paredes de su puesto de trabajo y, en especial, colocadas estratégicamente sobre la «placa de desmotivación», de forma que ya no se lee «Don't forget, you're here forever» sino «Do it for her», que quiere decir «Hazlo por ella».

Aquel era un motivo gigantesco que anulaba la placa de desmotivación. Poético y precioso. La primera vez que vi ese episodio se me cayeron las lágrimas y aún me emociono cuando lo recuerdo o lo vuelvo a ver.

Homer hizo lo mejor que podía hacer para soportar la dificultad y la desmotivación: encontrar un motivo y tenerlo siempre presente.

Nada puede detener unos motivos adecuados. Nada. Si tienes buenos motivos, no necesitas trucos que te motiven. Estás más que cubierto.

¿Quieres ser una persona disciplinada? Enséñame tus motivos para serlo. Dependiendo de esos motivos, podré intuir si lo conseguirás o no. Cuanto más importantes sean tus motivos, más probabilidades habrá de que consigas ser alguien disciplinado.

Siendo la disciplina una vía increíble hacia la libertad, la fortaleza, la autoconfianza, la autoestima, la prosperidad, la felicidad, la valentía, la determinación y muchas más cosas buenas como estas, no debería costarte demasiado encontrar buenos motivos que te recuerden lo vital que es para ti ser disciplinado y hacer lo debido, aunque no tengas ganas, te invada la pereza o te sientas… desmotivado.

REGLA N.º 36

No mientas y no te mientas

¿Cómo sería tu vida si no te pudieses mentir? ¿Qué pasaría si no te pudieses engañar nunca? Vale la pena pensar en esto un momento.

Y, quizá, para encontrar la respuesta podrías hacerte otras preguntas relacionadas. Como por ejemplo estas: ¿cómo sería tu vida si tu pareja no te pudiese decir jamás la verdad? ¿Cómo habría sido tu infancia y adolescencia si tus padres nunca hubiesen sido sinceros contigo? ¿Qué pensarías si te enterases de que tu mejor amigo te ha mentido mil veces? Y sobre todo la siguiente: ¿cómo habría sido tu vida hasta ahora si siempre te hubieses dicho la verdad?

No hace falta ser muy avispado para concluir que una vida rodeada de mentiras y engaños sería una vida horrible, llena de caos y desorden, en la que resultaría muy difícil, si no imposible, desarrollarse como es debido. Para crecer necesitamos la verdad. ¿Qué hace un mecánico cuando quiere arreglar un coche averiado? Abre el capó y busca la verdad. Si la encuentra, podrá repararlo y hacerlo funcionar.

Imagina por un momento que tuvieses el poder de la omnisciencia, es decir, el atributo exclusivo de Dios por el cual tendrías conocimiento de todas las cosas reales y posibles. ¿Qué harías? ¿Qué respuestas buscarías? ¿Cómo las usarías?

Una vez le pregunté esto a un cliente: «¿Qué harías si tuvieses el conocimiento de todas las cosas reales y también de las posibles?». Sin pestañear, me dijo: «Lo tengo clarísimo, me haría rico con la lotería. Hoy mismo iría al estanco, pondría los números que sabría que saldrían y ya está. Multimillonario al instante». Parecía que llevase toda la vida pensando en ello. Pero sucedería de ese modo, la omnisciencia cubriría ese aspecto. Así de potente es.

Es divertido fantasear con este tipo de cosas, pero, en mi caso, lo más interesante sería usar esa omnisciencia para responder a todas aquellas preguntas sobre las que nunca hemos obtenido una respuesta. Por ejemplo, a la misma pregunta una clienta me contestó que usaría esa omnisciencia para saber por qué su expareja la dejó. «Creo que nunca me dijo la verdad, y me cuesta cerrar el círculo porque sigo con esa duda, y vuelvo a ella cada dos por tres». Otro cliente me dijo una vez que habría usado ese poder para saber por qué su padre los abandonó cuando él tenía tres años. La verdad es algo tan poderoso que la buscamos como la cura y el alivio de las heridas que no dejan de dolernos.

Para avanzar, necesitamos comprender. Y para comprender, necesitamos la verdad.

¿Y qué hay de cuando nos mienten? ¿Qué pensamos de quien nos miente? ¿Qué sentimos? ¿Qué pensamos incluso de nosotros mismos cuando nos engañan?

Nos sentimos traicionados, indefensos, débiles, poco valiosos, pequeños… Como me dijo una vez una clienta: «¿Tan poco valgo, que es tan fácil traicionarme? ¿Tan barato creen que les sale mentirme y engañarme?».

Hay mucha crueldad en la mentira. Esa es la verdad.

Recuerdo una noche, tendría yo dieciséis o diecisiete años, que volví a casa más tarde de lo que mi padre me había dicho.

Si conocer la verdad es EL poder, no te mientas o estarás renunciando a todo el poder que tienes.

No demasiado, quizá solo media hora. No estaba haciendo nada malo por el mundo, y de hecho estaba a tres o cuatro calles de casa, pero tenía una nueva novia y se me pasó la hora. Entré en casa y mi padre me preguntó: «¿Por qué cojones llegas tan tarde?». Yo me inventé una historia increíble. Le conté que un amigo se había caído con la moto y que yo lo había ayudado, que la ambulancia no llegaba y luego habíamos tenido que quitar la moto y esto y lo otro. Tan increíble era la historia que mi padre no se tragó ni una sola palabra. En respuesta, se me quedó mirando, absolutamente callado durante unos segundos que se me hicieron eternos, hasta que me dijo: «Juan, mentiras no. No me mientas nunca más. No quiero mentiras en esta casa. ¿De acuerdo?». Y lo peor es que no me lo dijo enfadado, sino triste. Nunca había visto a mi padre así. Sentí mucho haberle mentido y, aunque no teníamos una buena relación, no volví a mentirle nunca más.

¿Y qué pasa con las mentiras que nos contamos a nosotros mismos? ¿Por qué nos ponemos excusas, conscientes de que son falsas? ¿Qué perseguimos con eso? ¿Por qué nos contamos mentiras sobre los motivos de nuestras acciones y omisiones? ¿Por qué usamos cualquier explicación que no sea la verdadera para no hacer lo debido? ¿Por qué proyectamos la culpa hacia los demás cuando la tenemos nosotros? ¿Por qué hacemos estas cosas? ¿Qué conseguimos con eso? Yo te lo diré: para no aceptar la responsabilidad de la carga de nuestra vida.

Por ejemplo, recuerdo a Alejandro, un cliente que no paraba de decirse a sí mismo que su matrimonio había fracasado por culpa de su esposa, cuando era él quien la tenía desatendida y la menospreciaba cada dos por tres. O me acuerdo del caso de Bárbara, que siempre decía que la gente no era de fiar, y así excusaba sus malas elecciones con las relaciones.

Rechazamos la verdad sobre nosotros porque, de aceptarla, nos empujaría, con toda probabilidad, a tomar decisiones difíciles y dolorosas, y nos obligaría a plantearnos la vida de forma distinta.

Si conocer la verdad es EL poder, no te mientas o estarás renunciando a todo el poder que tienes.

Carga con el peso de tu vida con la máxima responsabilidad y dignidad, y no te mientas jamás. Todas tus opciones para llegar a tener una buena vida pasan por la verdad. Si disciplina es hacer lo debido, nada hay más «debido» que aceptar la verdad.

REGLA N.º 37

Piensa dos veces antes de hablar y actuar

Saber cuándo hablar, cuándo actuar y cuándo no, es una señal inequívoca de disciplina.

Si no eres capaz de controlar tu boca y tus actos, no eres capaz de controlar nada. Y como hablas y actúas cada día de tu vida, tienes ahí un margen increíble para mejorar tu disciplina.

Esto me lo enseñó un profesor de historia que tuve a los dieciséis años. Yo entonces tenía mucha rabia contenida, que se manifestaba ante cualquier signo de autoridad con una rebeldía y una impertinencia considerables. Un día me vi envuelto en una pelea en el instituto que yo no provoqué en absoluto. Para mí era un principio, una regla inquebrantable: no comenzar nunca una pelea, pero… no evitarla si de verdad era mejor tenerla que no tenerla. En realidad, fue bastante más aparatosa que grave. El otro chico sangraba por la nariz y yo tenía la camiseta completamente rota. En un momento dado llegó el director del instituto junto a dos o tres profesores y nos separaron. No sé qué hicieron con el otro chico, pero a mí me llevaron al despacho del director. Estábamos él y yo a solas. Me miró, jadeando, pero sin decir nada. Ahora entiendo que estaba intentando calmarse o recuperarse mientras pensaba qué decirme. A mí entonces me pareció que me estaba echando un pulso, así que tomé la iniciativa: «¿Qué coño hago yo aquí? ¿Y el otro tío? No he empezado yo. Además, no tengo nada que explicarte a ti, tú no eres mi padre». Al momento, el director se puso como una fiera. Se enfadó muchísimo, y con razón. Yo no me vine abajo y ambos estuvimos unos minutos gritándonos. Al final, vino la orientadora y me sacó del despacho. «Sí, será mejor que te lo lleves de aquí», dijo el director. Fui con ella hasta su despacho, me pidió que me quedase allí y se marchó. Al cabo de unos diez minutos se abrió la puerta y entró el profesor de historia. La cuestión es que yo adoraba a aquel profesor. Verlo entrar sabiendo lo que había pasado me hizo sentir una vergüenza enorme. Y no me refiero a la pelea, eso no fue culpa mía, me refiero a la bronca con el director. El profesor me dijo: «Gallardo, tienes que aprender a pensar antes de hablar y tienes que aprender a callarte cuando no tengas nada bueno que decir». Me mató. Me había hecho un diagnóstico completo en unos segundos del mayor problema que tenía en aquella época. Yo, siguiendo su consejo, me callé porque no tenía nada que decir a eso, ni bueno ni malo. Solo me dediqué a asentir. Me contó que venía de hablar con el director y la orientadora y que el primero le dijo que solo me llevó a su despacho para que me calmase, que no tenía pensado decirme nada salvo que fuese a la recepción a pedir si tenían alguna camiseta para cambiarme la que me había roto en la pelea. Vaya lío había armado. Fue un shock para mí ver el problema que se había formado sin ninguna necesidad. Luego comencé a asustarme pensando en que podrían llamar a casa para contarles a mis padres lo sucedido o incluso expulsarme. «Tendría que haberme callado la maldita boca, soy idiota», me repetía todo el tiempo. Por suerte, la orientadora y mi querido profesor mediaron ante el director y salvé el pellejo a cambio de unas disculpas que gustosamente le ofrecí porque lo sentía de verdad, y más sabiendo sus verdaderas y bondadosas intenciones.

Aprendí la lección y comencé a ser mucho más cauto y prudente.

Empecé a valorar el silencio y la inacción como acciones válidas. Más difíciles aún si cabe. Si alguien me retaba o hablaba mal de mí, yo callaba y no actuaba de inmediato, sino que me ponía a pensar en qué era lo mejor que debía hacer. Me daba tiempo, no diez segundos como suelen decir, sino horas e incluso días. En esa época viví la traición de mi mejor amigo del barrio, al que pillaron hablando fatal de mí. Cuando me lo contaron sentí ganas de partirle la cara, pero opté por seguir el consejo de mi querido profesor, controlarme y esperar para poder pensar bien. Estuve varias semanas reflexionando sobre aquello. Finalmente, fui a hablar con mi amigo para decirle que sabía lo que había dicho y que nuestra amistad había terminado, le dije que no le guardaba rencor, le deseé lo mejor y nos dimos la mano. Él se puso a llorar y yo estuve a punto, pero ahí terminamos. Años después nos reencontramos y pudimos reanudar nuestra amistad. Es cierto que a un nivel inferior al anterior, pero volvimos a ser amigos. Esto habría sido imposible, probablemente, de haber seguido mi primer impulso y haberle agredido.

Callar y no hacer nada es dificilísimo, pero funciona… Es lo que te permite acabar conociendo qué debes decir y hacer…, si es que es necesario decir o hacer algo.

Por mi trabajo, todas las semanas sin excepción tengo que ayudar a arreglar problemas que jamás habrían existido si mi cliente hubiese pensado un poco más antes de actuar o hablar. Tanto es así que pienso que aproximadamente siete de cada diez problemas que tenemos en la vida surgen porque decimos alguna palabra de más o hacemos algo que después lamenta-

**Piensa antes
de hablar y actuar.
Y si no tienes nada
que decir y hacer
para mejorar o,
al menos,
para no empeorar
la situación,
no hagas
ni digas nada.**

mos haber hecho. Y también porque alguien nos ha dicho esa palabra de más o nos ha hecho algo que no habría hecho de haberlo pensado un poco más.

«No sé por qué le dije eso; aún hoy me lo pregunto», me dijo un cliente hace unos años. ¿Qué había pasado? Durante una bronca con su novia, le dijo que ya no la quería, y esta, muy herida, cogió sus cosas y se fue, para no volver.

—¿No era verdad que no la quisieses? —le pregunté.

—No, la quería. Aún la quiero.

—¿Por qué le dijiste eso? ¿Para herirla?

—Sí..., estaba muy enfadado con ella por una tontería sobre el dinero.

—¿Le dijiste después lo que sentías de verdad?

—Sí, pero no le importó. Me dijo que no podía seguir conmigo con ese recuerdo en la mente, que se conocía demasiado y lo sabía, que me creía y me perdonaba, pero que no podría quedarse a mi lado con la imagen del momento. Intenté mediar con ella, pero no hubo manera. No volvió.

Todo por una puñetera frase.

Piensa antes de hablar y actuar. Y si no tienes nada que decir y hacer para mejorar o, al menos, para no empeorar la situación, no hagas ni digas nada.

Tampoco escondas la cabeza bajo el suelo. Solo trata de dejar a un lado esa mala impulsividad, el mal pronto, la imprudencia y la precipitación.

Cuando lo mejor sea hablar o actuar, hazlo. Y cuando lo mejor sea callar y no hacer nada, hazlo. Pero esto solo lo podrás saber, en ambos casos, si lo piensas antes dos veces, como poco.

Quien no domina su boca y sus actos, no puede gobernar su vida. Punto.

REGLA N.º 38

Sé disciplinado pero con dirección; tienes que saber hacia dónde quieres ir

Una de las cosas que más me gustaba hacer de pequeño era practicar mi puntería. Como no tenía apenas juguetes, en casa me entretenía con actividades de este tipo. Por ejemplo, colocaba un vaso en un extremo del salón y yo me situaba en el opuesto con un montón de clips que le había cogido a mi hermana e intentaba encestar uno. Me encantaba el ritual porque cada lanzamiento te daba nueva información. Un poco más fuerte, un poco más flojo, más alto, más bajo, con la mano así, con la mano asá, etcétera. Todo confluyendo hacia un único fin, que era meter un clip en un vaso desde una distancia que parecía casi imposible de conseguir.

A mis ojos aquello era algo majestuoso, como si el vaso fuese una especie de agujero negro que lo atraía todo. Solo existía el vaso y lo que era necesario hacer para conseguir colar allí un clip.

La vida es, en gran parte, justo esto: saber hacia dónde vas para saber lo que es debido y preciso hacer. Es saber lo que quieres y necesitas para poder pensar en qué hacer y qué elecciones tomar para conseguirlo.

Debes hacerte dos preguntas clave sobre la disciplina:

1. ¿Para qué quiero ser disciplinado?

2. ¿Por qué quiero ser disciplinado?

Me pondré de ejemplo respondiéndolas:

1. Quiero ser disciplinado para poder vivir una buena vida, con buenas elecciones, seguir siendo feliz y continuar siendo bueno a los ojos de los que amo y a los ojos de Dios.

2. Quiero ser disciplinado porque creo que es la mejor forma de conseguir mis objetivos y no desviarme de ellos. Quiero ser disciplinado porque es una de las virtudes que se encuentra detrás de todas las cosas buenas que he podido alcanzar en algún momento. Y cuando no lo he sido, siempre he terminado sufriéndolo muchísimo.

Si no puedes responder a estas dos preguntas de una forma convincente, lamento decirte que será casi imposible que soportes la dificultad de la disciplina. Sin embargo, si puedes contestarlas y darles una gran respuesta, te aseguro que la disciplina será mucho más llevadera, gratificante e incluso sencilla. Como suelo decir, las cosas son fáciles o difíciles dependiendo de por qué y para qué se hagan. Comer un trozo de pastel enorme puede ser algo muy sencillo si tienes hambre y te gusta, o algo muy penoso si tienes el estómago lleno o el pastel es de un sabor que te horripila.

Si hay sentido, hay voluntad.

Y si la disciplina tiene un sentido, un porqué, habrá voluntad para aplicarla.

Tú, yo y todos los seres humanos necesitamos el sentido para poder hacer lo que hacemos. Sin ello, hasta lo más fácil

Si la disciplina tiene un sentido, un porqué, habrá voluntad para aplicarla.

se convierte en algo complicado de llevar a cabo, y no hablemos ya de cosas más difíciles y complicadas. De esto tenemos mil ejemplos.

Recuerdo bien cuando en el colegio me explicaban las funciones en matemáticas, no podía evitar pensar: «¿Cuándo se supone que voy a usar esto en mi vida?». Sobre todo porque sabía que nunca estudiaría una carrera que necesitase ese conocimiento. Me suponía una agonía porque no podía superar ese sinsentido personal. También vemos algo así en las parejas que están a punto de romper su relación y ya no tienen voluntad por seguir esforzándose en solucionarlo, porque comprenden que no va a servir de nada. «Sé que podría intentar ser más atento y cariñoso, pero... creo que no va a valer la pena ya», me han dicho muchas veces en mi despacho. Es comprensible, de verdad, lo entiendo. ¿Quién podría o querría hacer algo que piensa que no va a servir? Nadie quiere desgastarse ni perder el tiempo por y para nada. Y menos aún ilusionarse con algo para después tener que desilusionarse.

¿Cómo arreglamos eso entonces? Diseñando. Esbozando la vida que queremos vivir y dejando que esta nos enseñe qué es lo que tenemos que hacer para llegar a verla convertida en una realidad. Y, qué diantres, atreviéndonos a soñar con una vida ideal. No digo «perfecta», digo «ideal». La vida que soñaste vivir. Una vida feliz. Plena. Satisfactoria. Una vida a la que echar un vistazo en el futuro y, al volver al presente, encontrarte con toda la voluntad del mundo con el fin de hacer lo necesario para hacerla realidad o, como mínimo, acercarte lo máximo posible.

Mi sueño es tener una casa de madera en el monte, lejos de todo, con los míos, libres, felices, empapados de naturaleza y silencio, con largos senderos por los que caminar, leña por cortar y mil cosas por descubrir, con las mínimas obligaciones posibles, colmados de paz... Cuando pienso en ese sueño me siento capaz de hacer lo que sea para acercarme un pasito más a él.

Atrévete a soñar. Fuerte.

Crea un sueño enormemente alcanzable, uno que sea tan importante que tire de ti cada día de tu vida. Sobre todo en esas jornadas pesadas y difíciles.

Si existe una forma de alcanzar un sueño, esta pasa, en primer término y de forma necesaria, por atreverse a tenerlo y conservarlo. Los sueños son para los valientes. Sin duda. Y la disciplina, para aquellos que pueden justificarla con algo realmente bonito.

Dibuja tu vida ideal. Hazla bien preciosa. Y luego descubre qué es lo que tendrías que hacer hoy para terminar el día un poco más cerca de ella. Si haces esto bien, la disciplina te saldrá sola.

REGLA N.° 39

Descubre qué te impide ser disciplinado

Si la disciplina en su grado adecuado de virtud es algo evidentemente bueno, y sigues sin dar el paso definitivo en esa dirección, es porque tiene que haber algo muy relevante en tu vida que lo está impidiendo.

Hace bastantes años viví de alquiler en una casa a las afueras de la ciudad. Tenía un poco de terreno y me propuse cavar un agujero para plantar y ver crecer un árbol. Comencé y todo iba a buen ritmo hasta que topé con algo increíblemente duro. Piqué y piqué, pero por más fuerte que lo hacía era imposible seguir avanzando. ¿Qué hice entonces? Fui a la tienda a comprar un pico más grande y pesado. Cuando llegué a mi enemigo, le di con todas mis fuerzas durante más de dos horas y avancé apenas unos centímetros, así que decidí dejarlo para el día siguiente. «Estoy cansado, me faltan fuerzas», me dije. Sucedió entonces que la dueña de la casa vino a ver si estábamos bien o si necesitábamos algo, y me vio a punto de comenzar de nuevo mi batalla personal contra aquel puñetero hoyo.

—¿Qué estás haciendo? —me preguntó.

—Cavo un hoyo para plantar un árbol —le respondí enfadado ante la evidencia de lo que estaba haciendo.

—¿Ahí? —me respondió con incredulidad.

—Parece ser que sí, ¿no? —le contesté con claro sarcasmo.

**Busca en ti
o tu entorno
la raíz del problema,
la causa primera
que está impidiendo
que tu mejor
disciplina brote,
y ponle remedio.
Cuando la descubras,
haz un nuevo intento.**

Ella se echó a reír a carcajada limpia hasta que se controló, respiró y me dijo:

—Ese suelo está lleno de rocas, solo con una retroexcavadora podrías llegar más abajo. No me explico ni cómo has podido ahondar hasta ahí.

Me quedé a cuadros. Creo que hasta me sonrojé por mi cabezonería. Ella se debió de apiadar de mí porque me dijo lo siguiente:

—Tranquilo, Joan, si cavas diez metros más para allá no tendrás este problema, ahí la tierra tiene muchos metros de profundidad y es completamente arcillosa.

Así fue. En una hora ya tenía el hoyo terminado y el árbol plantado.

A veces, insistir no es la mejor opción. En ocasiones, lo mejor es parar, alejarse un poco y recalcular. Lo mejor es pensar en la problemática en la que estamos encallados y atacarla por otra vía.

No todo se arregla empeñándose o proponiéndose hacerlo con más ahínco. Es como ese cuento que dice que había un hombre talando un árbol y llevaba horas con él sin avanzar demasiado. Entonces un leñador experimentado lo vio y le dijo que le iría mejor parar, afilar un rato el hacha y después volver a intentarlo. El primero lo miró con cara de pocos amigos y le contestó: «No tengo tiempo para afilar el hacha, ¿no ves que estoy intentando talar este maldito árbol?».

Encuentra las causas de tu indisciplina o las causas que provocan los fracasos de tus intentos con la disciplina.

Sé sincero y ábrete a la autocrítica. Busca en ti o tu entorno la raíz del problema, la causa primera que está impidiendo que tu mejor disciplina brote, y ponle remedio. Cuando la descubras, haz un nuevo intento. Eso es afilar el hacha.

Inés llevaba muchos intentos con esto de la disciplina, hasta que decidió contratarme para ponerle remedio. Lo primero que hice fue pedirle que me contase cómo lo había probado antes. Cuando terminó de contármelo, todo cuadraba. Se proponía hacer demasiadas cosas a la vez.

—Esto es excesivo. Tienes que eliminar algo —dije.

—Pero ¿eso no es de débiles? ¿Descartar cosas de entrada no es confiar poco en mí? —me respondió.

—¿Has hecho el Camino de Santiago? —le pregunté para sacarla del tema y poder explicarle mejor lo que quería enseñarle.

—No, Joan. ¿Tú sí? —quiso saber con genuina curiosidad.

—No, yo tampoco, pero tengo muchísimos amigos que sí. ¿Sabes qué me dicen todos?

—¿Qué?

—Que lo más importante no es conocer el camino, sino conocerte a ti para saber hasta dónde puedes llegar —dije.

Y algo hizo clic en su mente. Así me lo indicó su mirada gacha y su silencio reflexivo sobre lo que le acababa de decir. Aproveché para completar el efecto de ese clic:

—Se suelen recomendar veinte o treinta kilómetros diarios al peregrino promedio. Pero tú podrías andar más en un día si te lo propusieras, ¿no? —le pregunté.

—Sí, claro.

—¿Cuántos kilómetros podrías recorrer el primer día?

—No lo sé… Dándolo todo… ¿Ochenta quizá?

—Puede ser. ¿Y al día siguiente? ¿Podrías con los veinte o treinta que recomiendan?

—Uf…, creo que no. Quizá sí, pero no lo creo.

—Te costaría mucho. ¿Y luego otros veinte o treinta al día siguiente? ¿Y veinte o treinta durante treinta días más?

—Ahí ya seguramente lamentaría haber andado ochenta el primer día… —dijo antes de que yo acabase la frase por ella.

—No terminarías. Tendrías que abandonar por culpa de ese día en el que te pasaste de rosca. Ahí voy.

Te digo lo que le dije a Inés: siempre estarás a tiempo de añadir más cosas que hacer.

Inés lo aceptó, empezó muy poco a poco, pidiéndose apenas un puñado de cosas, pero que eran relevantes y accesibles, y tras unos meses ya le había cogido el truco a esto de la disciplina. Detectamos la fuga de la piscina y, en lugar de seguir echándole agua, nos dedicamos a vaciarla y a tapar la fuga, y, finalmente, volvimos a llenarla. Con eso bastó.

Pablo no sabía lo que quería en la vida y, por eso, no conseguía darles un sentido a sus esfuerzos. «¿No sabes lo que quieres? ¿No quieres acaso ser feliz como queremos todos?», le dije. «Oh, claro que sí», contestó. Él creía que la felicidad era una cosa que llegaba tras descubrir lo que querías en la vida. Le expliqué que en realidad era al revés, que primero decidías ser feliz y después descubrías qué necesitabas hacer para llegar a serlo. Cuando lo entendió no tardó ni una semana en tener más que claro lo que quería alcanzar. Una vez ahí, la disciplina apareció con la máxima naturalidad y espontaneidad.

Ve a la raíz. Al origen. Busca con ahínco. Quita el obstáculo que está reteniendo y evitando tu disciplina. Permite que salga a la luz toda la disciplina que hay dentro de ti, que es mucha más de lo que piensas.

REGLA N.º 40

Entrena

Cuando era pequeño me gustaba tanto el fútbol que solía andar por la casa con una pelotita de plástico o de tenis entre los pies. Si iba de mi cuarto al baño, lo hacía llevando la pelota y marcando algún que otro gol entre las patas de las sillas o regateando al perro que teníamos. Jugaba en el campo de fútbol de un equipo del pueblo, jugaba en el patio, jugaba en la calle o en la placeta del barrio, o me iba con mis amigos a echar un partido en algún descampado cercano. Pero no solo me gustaba el fútbol. También me gustaba el baloncesto, el tenis, el atletismo, el boxeo y muchos deportes más. El mejor año era el de las Olimpiadas, porque podía ver competiciones a diario en la televisión. Me daba igual el deporte que retransmitiesen, yo lo veía. Todo me valía: golf, natación, rugby, motocross, fútbol sala, balonmano, ciclismo… Para mí, el deporte era el juguete más divertido del mundo.

Durante algún tiempo compaginé el fútbol con el boxeo, hasta que a los dieciocho años dejé ambos para dedicarme por entero a las artes marciales tradicionales. Entrené muy duro hasta los veintidós, momento en que detuve mi práctica para comenzar a entrenar a niños y adolescentes. Para esa época ya hacía años que me había marchado de casa y, entre el trabajo, las clases que impartía y las obligaciones domésticas, poco a poco me fui abandonando hasta que dejé de hacer deporte por completo. Mi única actividad consistía en ir a correr cada vez que veía que los pantalones me apretaban un poco. Un día decidí que sería mucho más sencillo comprarme unos pantalones un poco más grandes que ir a correr. Una cosa llevó a la otra y cuando me di cuenta pesaba más de noventa kilos. Mido 1,75 metros, así que no había forma de disimular eso. Hice mis intentos en el gimnasio, pero me aburría tanto que no duraba más de un par de semanas. Así pasaron los meses y llegué a ver tres dígitos en la báscula. No había estado así nunca. Me sentí muy culpable por haber llegado a ese estado. Justo en esa época fue cuando me preparé para las pruebas de acceso a la Policía Local. Las superé pesando 94 kilos —no me explico cómo pude—, luego llegó la academia y finalmente ejercer como policía. Seguía clavado en el mismo peso, me sentía siempre cansado y pesado, por no hablar de lo poco que me gustaba mi aspecto físico.

Eso fue así hasta que decidí apuntarme de nuevo al gimnasio con la ayuda de un profesional, y un año después me reencontré con mis antiguos 73 kilos. Entonces dejé la policía y dio comienzo una serie de cambios personales y profesionales que culminaron en la persona que soy ahora.

Desde entonces nunca he dejado de entrenar y hacer deporte.

Coincide perfectamente en el tiempo: desde que volví a tomarme en serio el ejercicio, mi vida comenzó a despegar. Claro que hubo altibajos y momentos malos, pues tener un cuerpo entrenado no es la panacea, pero es uno de los denominadores comunes en todo lo bueno que me ha pasado desde que soy adulto. Y esto es de lo más lógico y comprensible.

En primer lugar, para soportar los inicios entrenando cualquier tipo de deporte o ejercicio, vas a necesitar una dosis

Cuanta más energía, mejor rendimiento. Punto.

bastante elevada de disciplina. Tienes que soportar la torpeza y la debilidad del novato, las agujetas, los dolores e incluso la vergüenza. Todo el mundo que entrena o practica algún deporte ejercita no solo su cuerpo, sino también su disciplina. Porque siempre hay días en los que la pereza aparece y solo se la puede vencer con disciplina. Y esto nos pasa a todos, no he conocido nunca a nadie a quien no le haya dado pereza alguna vez ir a entrenar, por mucho que le gustase el deporte o los ejercicios que tuviese que hacer.

La conclusión es que para comenzar a entrenar y no abandonarlo es necesario usar la disciplina. Ya solo por este punto, te interesa comenzar a entrenar. O no dejarlo nunca si es que ya entrenas.

Después está la sensación de vitalidad y energía. Si tu cuerpo no está cuidado y entrenado, tienes que asumir la idea de que tu rendimiento en las otras áreas de tu vida, sobre todo en la profesional, se encontrará por debajo de su potencial máximo. Cuanta más energía, mejor rendimiento. Punto.

Finalmente, está la importancia de la autopercepción y el papel que desempeña la autoestima en la autoconfianza. Cuando no cuidas tu cuerpo y lo ves ante un espejo, no solo ves un mal físico, sino también lo que lo ha provocado: la pereza, la desidia, la indisciplina, el poco respeto por el propio cuerpo, etcétera. Eso afecta mucho a lo que pensamos de nosotros mismos y tiene una relevancia enorme porque, a fin de cuentas, todos nos relacionamos con el mundo a partir, en primer lugar, de la creencia que tenemos sobre lo que somos.

Todo esto no significa que uno tenga que ir sí o sí al gimnasio. No me refiero a eso. Me refiero a hacer algún tipo de ejercicio físico. Si puede ser, practicando un deporte que te divierta. Tengo muchos conocidos y clientes que se mantienen en forma jugando al baloncesto, al tenis o al squash, yendo a correr, dando largos paseos diarios, montando en bicicleta, haciendo largas excursiones en la montaña el fin de semana, practicando pilates, etcétera. A mí me gusta la halterofilia y mover pesos grandes, pero el gimnasio no es un paso inevitable para todo el mundo, ni es imprescindible que vayas si crees que te va a resultar un aburrimiento insuperable. Un deporte que aburre es un deporte que se termina abandonando, por mucha disciplina que uno tenga.

Tampoco es bueno obsesionarse con el físico y terminar profesando un culto absurdo al cuerpo. Tan ridículo sería eso como rendir culto al coche que te lleva al trabajo cada mañana. Tu cuerpo es tu vehículo. Es el medio con el que te relacionas con el mundo y con las personas que habitan en él. Debes cuidarlo y respetarlo. Debes mantenerlo en el mejor estado posible si tienes un mínimo interés en aprovechar bien esta vida.

No es necesario que te vuelvas loco con el ejercicio ni que te conviertas en el próximo Son Goku o en la próxima Superwoman. Tampoco necesitas pasar dos horas al día entrenando, salvo que te apetezca y puedas, claro. Aplica el sentido común, con eso suele ser más que suficiente. Pero entrena. Haz ejercicio. Porque es más fácil sentirse fuerte cuando estás en forma.

Busca un deporte o un ejercicio que te guste, comienza despacio y dale cien días. Te estarás haciendo uno de los mejores favores de tu vida.

Todas las personas felices y de éxito que he conocido hacían algún tipo de ejercicio. Saca tú las conclusiones. Ahora, pon atención a los dos capítulos siguientes porque complementan este.

REGLA N.º 41

Cuida tu imagen

Todo lo que es bueno suma.

Márcate eso a fuego; parece una obviedad, y seguramente lo sea, pero a muchos se les olvida.

¿Hacer ejercicio es mejor para ti que no hacerlo? Entonces entrena.

¿Ir bien peinado es mejor para ti que ir despeinado? Entonces péinate.

Te parecerá más o menos justo, pero este mundo funciona en gran parte a partir de las primeras impresiones. Es una cuestión antropológica, no tenemos tiempo de conocer en profundidad a todas las personas con las que nos cruzamos, al igual que no tenemos tiempo para probar todos los coches del concesionario antes de decantarnos por uno ni podemos probar todos los sabores de la heladería antes de elegir uno.

A mí me parece que todo eso es lógico y, además, no le veo la superficialidad porque la apariencia suele decir mucho de lo que en verdad hay. Si un perro parece fiero, probablemente lo sea. Si una calle parece peligrosa, posiblemente lo sea. Y si una persona tiene un aspecto descuidado, puedes apostar a que será una persona descuidada.

¿Habrá excepciones? Quizá, pero es muy arriesgado funcionar en función de la aparición de dichas excepciones.

En el capítulo anterior te animaba a hacer ejercicio como muestra indudable de respeto hacia ti mismo y una señal inequívoca de disciplina. Ahora te propongo no dejarlo ahí y llevarlo un paso más allá, acompañándolo de una atención justa y buena sobre tu apariencia.

Quiero que, a partir de ahora, te fijes más en cinco áreas esenciales: la higiene personal, los dientes, el pelo, la ropa y los zapatos.

Es muy importante, no lo subestimes. No te llevará mucho trabajo y el efecto supondrá una rentabilidad exagerada en tu favor. Pocas cosas te darán tanto a cambio de tan poco, solo necesitarás un poco de atención y esmero.

Comencemos por lo más importante: la higiene personal.

Parece una perogrullada, pero veo a demasiadas personas fallar en esto, así que lo tengo que tratar aquí. Debes ir siempre limpio. Así que una ducha diaria a fondo me parece algo innegociable. Presta especial atención al pelo, de ninguna manera tiene que parecer sucio. Debes asumir el tipo de cabello que posees, hay personas que lo lucen lavándoselo cada tres días, pero si tienes el pelo muy graso, probablemente deberás lavártelo a diario o usar un champú especial.

También hay que cepillarse los dientes después de comer y llevar las uñas bien cortadas y limpias.

En el barrio teníamos una especie de señal para saber si estábamos ante una persona peligrosa o no: si llevaba las uñas largas y sucias y los dientes sin cepillar, podía ser peligroso. Muchos años después, ya en la academia de policía, un sargento nos dio el mismo consejo: «Si creéis que estáis ante un sospechoso, miradle las uñas y los dientes, eso os dirá qué clase de persona es».

Es vital oler bien en la medida de lo posible. Si no te basta con el aroma del gel de baño o el champú, piensa en usar algún tipo de perfume. No hace falta gastarse un dineral en fragancias, busca una que te guste, que case con tu personalidad, y póntela a diario.

No olvides tu aliento. Las causas del mal aliento pueden ser diversas, pero debes tener en cuenta este punto. Quizá causes muy buena impresión en todo, pero si te huele mal el aliento... perderás de golpe «los puntos» ganados.

Pasemos al segundo apartado: los dientes.

Ve al dentista. Si por desgracia ya tienes la dentadura mal, ahorra y arréglatela o financia un tratamiento dentro de tus posibilidades. Tener una sonrisa bonita es un plus de un valor inmenso, así que no puedes ir evitando sonreír porque tienes mal la dentadura. Hoy en día están muy extendidos los tratamientos de ortodoncia invisible con precios bastante asequibles y con facilidades de pago. Si tienes la dentadura mal colocada o dientes torcidos, de forma que afectan claramente a tu aspecto, debes sopesar esa posibilidad. No es como antes, que las ortodoncias eran carísimas, muy incómodas, aparatosas y había que llevarlas muchísimo tiempo. No veas esto como un gasto, sino como una inversión. Una sonrisa bonita y fresca es muy difícil de ignorar y olvidar.

El tercer apartado: el pelo.

Ya he explicado antes que el pelo debe estar siempre limpio, pero no basta con eso. Necesitas llevarlo siempre arreglado, peinado y al día.

Este mundo funciona en gran parte a partir de las primeras impresiones.

Es preciso que descubras qué corte de pelo te gusta y te favorece. Una persona puede cambiar muchísimo solo por su corte de pelo.

Si no sabes qué puede favorecerte más, pregúntale a tu estilista. Confía en su experiencia. Déjate asesorar y pide algo que puedas hacerte tú a diario y que no precise de estar treinta minutos cada mañana arreglándote el pelo. Ah, y no salgas nunca de casa sin peinarte.

El cuarto punto: la ropa.

Debes cuidar tu forma de vestir. En la tapicería familiar recuerdo que mi padre solía decir que todos los sofás del mundo podrían ser bonitos con la tela adecuada, pero que también todos podrían ser horribles si se tapizaban con una inadecuada.

No necesitas gastarte un dineral en ropa, actualmente hay opciones muy económicas y buenas para vestirse. Ten la ropa justa y la que mejor te quede. Escoge la que más te guste llevar, aquella con la que te sientas realmente bien.

Elige bien la talla y, si tienes dudas, pregunta al personal de la tienda, seguro que te ayudan. Una camiseta o un pantalón de la talla correcta parecen siempre de mejor calidad.

Escoge colores que vayan con tu tono de piel, color de pelo y ojos. Si no lo ves claro, busca alguna guía por internet. Te aseguro que es asombroso cómo cambia la apariencia de una persona dependiendo de los colores que usa en su ropa.

Ve ahora mismo al armario, saca toda la ropa que no te gusta llevar y no te favorece y dónala, regálala o véndela. Después, comprueba qué necesitas y, poco a poco, ve completando un nuevo armario. Y si no tienes ni idea de moda, busca a alguna amistad que te pueda ayudar o pide consejo en alguna tienda de ropa. Repito, no necesitas dejarte un sueldo, sino encontrar ropa que te siente bien. Y esto, de nuevo, no es gasto sino inversión. Además, cuando des con la ropa que te siente bien, descubrirás que no necesitas tanta cantidad.

A partir de ese punto, intentaría ir todo lo bien vestido que pudiese, todos los días. Con la ropa siempre limpia, bien puesta y sin arrugas.

En lo que concierne a la ropa y el peinado, te invito a que no sigas las modas impuestas. No todo lo que se pone de moda es estético. Ni mucho menos. Tampoco busques una apariencia solo para agradar a los demás. Debes encontrar en primer lugar el estilo que más te guste A TI. Si vas a agradar, que sea agradándote a ti primero.

Y el último punto: los zapatos.

Solo tengo que decir que los zapatos deben ir a juego con la ropa, deben ser cómodos y, por favor, llévalos limpios. Se puede saber mucho de una persona por sus zapatos, especialmente el valor que se da a sí mismo. Una persona que se quiere, se cuida y se respeta no consentiría llevar unos zapatos que le destrocen los pies y tampoco consentiría llevarlos sucios, lo cual daría una clara sensación de dejadez.

Y, ahora, pasa al siguiente capítulo con el que completarás esta importante tríada.

REGLA N.º 42

Cuida tu hogar

No creo que sea casualidad que en una de las épocas más desesperadas, desgraciadas e infelices de mi vida, mi hogar también estuviese hecho una pocilga indigna.

Si la indisciplina fuese un piso, ese habría sido el mío. Me abochornaba tanto el estado en el que se encontraba que, si alguien venía a verme sin avisar, yo me quedaba quieto y en silencio fingiendo que no estaba en casa. Daba vergüenza. Era impensable invitar a alguien a entrar allí.

Platos que llevaban muchos días sin fregar, ropa acumulándose encima de las sillas, suelo sin barrer ni fregar, polvo en las estanterías, cama siempre sin hacer, ventanas sin abrir para ventilar, etcétera. Tanta era mi indisciplina que solía quedarme sin agua caliente para ducharme porque me daba una pereza salvaje cambiar la bombona de butano.

La nevera siempre estaba vacía y si había algo dentro la probabilidad de que estuviese caducado era altísima. Casi segura.

Había bombillas fundidas sin cambiar, electrodomésticos estropeados y desperfectos sin arreglar. Una vez quise apuntar un número de teléfono en un papel y no encontré un solo bolígrafo en toda la casa. Ese era el nivel.

Aquel piso era como yo. Era mi reflejo. Yo estaba desordenado y sumido en un caos, y el lugar en el que vivía era igual.

Y así suele ser para la mayoría de las personas. Tu casa es un reflejo de ti. Para bien y para mal.

Si ahora alguien me obligase a vivir en las condiciones en las que vivía entonces, sin duda me lo tomaría como un castigo, una humillación y una indignidad.

Todo eso cambió cuando yo mismo comencé a cambiar. Cuando empecé a ser más disciplinado y a hacer, por sistema, lo que era debido.

Nunca más volví a vivir así. Pasó a parecerme algo inconcebible. Imposible.

Te debes un respeto y, por lo tanto, debes vivir en un hogar que lo haga evidente. Tienes que poder volver cada día a un lugar limpio, ordenado, perfumado y bien bonito. Cada vez que entres en tu casa deberías sentir que entras en un santuario, en el mejor lugar posible. Debería acompañarte una expresión de alegría y alivio. «Por fin en casa, qué gustazo», esto es lo que hay que pensar y sentir cada vez que uno entra en su hogar.

Voy a darte unos cuantos consejos generales, tómalos todos o los que creas que te pueden servir.

Lo primero: saca de tu casa todo lo que sobre.

Vives en un hogar, no en un almacén o un trastero. Deja de acumular cosas que no usas o que no te gusta tener. Muebles, electrodomésticos que no funcionan, papeles, decoración, revistas viejas, juegos de mesa que solo están ahí para acumular polvo, etcétera. Sácalo todo, tíralo, recíclalo, regálalo, véndelo…, haz lo que sea, pero sácalo de ahí. Todo lo que no funcione, no uses o no te guste tener, expúlsalo. Fuera.

Lo segundo: ten la casa al día.

No dejes coladas pendientes por lavar o secar. No permitas que se te acumule la vajilla sucia en el fregadero. Saca la basura todos los días. Haz la cama nada más despertarte. No vayas dejando las cosas por cualquier parte de la casa. Intenta no ensuciar y, al menos una vez a la semana, haz limpieza. Polvo, suelos, ventanas, etcétera. Ventila los espacios a diario y procura que haya una buena iluminación, no consientas que tu casa parezca una cueva o un calabozo. Procura que tu hogar, en su peor estado, siga siendo un sitio presentable y agradable en el que sentirse bien.

Finalmente, haz que tu casa huela bien. Prueba los aceites aromáticos, los palitos de incienso, pon las flores suficientes para que se note su aroma o lo que creas que te va a gustar más. Sé creativo y experimenta. Una vez tuve una clienta que cada dos días hacía galletas en su horno, no solo para comerlas sino también para que la casa siempre oliese a galletas recién horneadas. Imagínate lo bien que tenía que oler allí. Otro cliente tenía siempre velas encendidas porque decía que nada le gustaba más que ese olor a cera derretida.

Y lo tercero: ten tu hogar bien bonito.

No se trata de que tengas algunas cosas que te gusten, no, TODO lo que haya en tu casa te tiene que gustar. Y mucho. Hasta el papel de váter. Hasta los tiradores del armario. Todo.

Con esto en mente, date una vuelta por tu casa y analízala desde ese punto de vista. Despréndete de todo lo que no consideres de tu gusto estético. No deberías tener un vaso que te parece feo y beber de él. No deberías dormir entre sábanas que no te parecen bonitas. No deberías tener colgado un cuadro que no te gusta.

**Tu casa es
un reflejo de ti.
Para bien
y para mal.**

Una vez cumplas con este paso, poco a poco comienza a introducir los elementos estéticos y bellos que consideres. Recomendaciones: plantas, flores, muebles, libros y arte.

Introducir plantas y flores en una casa es introducirle vida, además del compromiso que se adquiere al tener que regarlas y cuidarlas.

Los muebles, para mí, son como esculturas, como obras de arte. Deben ser funcionales pero también bonitos, y un lugar bien amueblado hace un mundo de diferencia. Por favor, no tengas muebles que te disgusten, y menos hoy en día, con la cantidad de rastros y oportunidades increíbles que hay en el mercado de segunda mano online.

Luego están los libros. Entiendo que te gustan los libros si estás aquí leyendo este. Si es así, ve dedicando un rincón a crear tu biblioteca personal. Se puede saber mucho de una persona por los libros que lee. De hecho, lo primero que hago cuando voy a casa de otra persona es fijarme en si tiene libros a la vista. Además, un libro es una cosa preciosa, con un simbolismo maravilloso que dice mucho más que el objeto que es en sí; me dice cómo es su dueño, qué le interesa, qué le causa curiosidad, qué épocas de la cultura le gustan, etcétera. En mi opinión, tener libros en casa es una señal de buen gusto y clase.

Finalmente, está el arte. Una casa sin arte es como un hogar sin ventanas. No puedo concebir que no haya ni un solo artista que no te guste, que te haga sentir algo especial por dentro. Y más aún habiendo tantos estilos y siglos de arte entre los que elegir. Busca alguna pintura que te guste y cuélgala en la pared que más veces mires a lo largo del día. No importa si es una copia en lámina o si es de un artista del que nunca has oído hablar. Busca en internet o ve a un rastro. Mira cuadros hasta que sientas un flechazo con alguno. Llévatelo a casa y cuélgalo en un lugar que, además, esté bien iluminado. No descartes las esculturas tampoco, las hay de yeso y maravillosas por un precio muy económico. Y si se te dan bien las manualidades, ve pensando en pintar tú mismo un cuadro o hacer tus propias esculturas.

Tuve una vez un cliente que me preguntó si los bonsáis contaban como esculturas. Me pareció maravillosa la comparación. Su casa ahora está repleta de esos preciosos arbolitos y da gusto entrar allí.

A mí me encanta el minimalismo, pero no a todo el mundo tiene por qué gustarle. Puede que seas más barroco y prefieras un estilo más maximalista. Es tu hogar, hazlo tuyo.

Con este y los dos capítulos anteriores tienes por delante un trabajo muy bonito que, además, te hará sentir mejor contigo mismo y también más disciplinado, porque un cuerpo en forma, una apariencia cuidada y un hogar pulcro y acogedor son solo posibles para la persona que tiene disciplina.

REGLA N.º 43

Aprende a decir que no (a los demás y a ti)

Una parte enorme de la disciplina comienza cuando aprendes a decir «no». Sobre todo cuando aprendes a decirte «no» a ti mismo.

El poder que tenemos sobre nosotros se refleja en el poder que tenemos sobre nuestros síes y nuestros noes. Si no sabes decir «sí» o «no» cuando es lo que podrías y deberías hacer, lamento comunicarte que no eres tan libre como crees.

Por desgracia, no saber decir «no» a los demás es un problema muy común. «Es que si le digo que no, se enfada conmigo y luego no me llama más», o «Si digo que sí aunque no quiera, les caeré mejor», o «Soy demasiado complaciente, lo sé, pero no quiero decepcionar a nadie», frases como estas las he oído miles de veces en mi vida y todas ellas esconden el deseo irrefrenable de agradar a los demás y ese miedo profundo al rechazo que todos sentimos alguna vez.

La cuestión es: ¿de verdad es condición inevitable para gustar a los demás no ser libre para decir que sí o que no cuando lo consideremos oportuno? Yo quiero pensar que no. Y para no perder esa libertad, solo hay que estar dispuestos a desagradar a las personas a las que no les agrade el ejercicio de nuestra propia libertad. Punto.

**Si no sabes decir
«sí» o «no»
cuando es
lo que podrías
y deberías hacer,
lamento comunicarte
que no eres tan libre
como crees.**

Es algo que he vivido muchísimas veces en mi despacho con clientes, como en el caso de Lucía, que sufría una barbaridad por su dificultad para decir «no».

—Joan, el otro día perdí una tarde entera yendo con unas amigas y ahora me siento muy mal conmigo misma.

—¿Por qué? —le pregunté.

—Porque en el fondo no me apetecía ir y fui para que no se enfadasen conmigo.

—Ya veo. ¿Qué habría pasado si les hubieses dicho que no?

—Uf…, imposible, se habrían molestado mucho y serían capaces de no contar más conmigo —respondió con gesto agotado.

—Vaya, no parecen apreciar mucho tu libertad. ¿Te compensa su amistad bajo tales condiciones?

—No sé, Joan, ¿tú qué harías?

—¿Yo? Si no quiero ir no voy, y si por ese motivo se rompe nuestra amistad, que así sea. Otra cosa sería que te negases a ir al entierro del padre de alguna de ellas, pero si es para ir a tomar cañas a una terraza o ir de compras…

—Ay, Joan…

—¿Tú te enfadarías si una de ellas no quisiese quedar algún día contigo? —le pregunté dándole la vuelta a la cuestión.

—¡En absoluto! Yo entiendo que no siempre viene bien o que a veces simplemente no apetece.

—Pues con esto queda todo dicho. Me parece que ya sabes cómo debes actuar.

Así lo hizo. Y, efectivamente, las amigas le dieron la espalda. ¿Qué podemos aprender de esto? Que el título de «amigas» les quedaba muy grande.

Si uno quiere ser amigo mío únicamente mientras le diga que sí, entonces no estoy ante un amigo, sino ante mi dueño.

Que me rechace quien me tenga que rechazar, es tan libre para hacerlo como yo para decidir cuándo digo que sí y cuándo que no.

Pero, claro, la libertad cuesta mucho. No es un ejercicio fácil de llevar a cabo. Para empezar, porque hay que aceptar también la libertad de los demás. Nos cuesta decir «no» porque nos cuesta que nos digan «no». Hay que dar un salto de madurez y respeto hacia ese punto en primer lugar.

Luego hay que batallar con la idea de poder herir a alguien cuando le tenemos que decir que no. Recuerdo, al respecto, el caso de Ana y la conversación que tuvimos una vez:

—Joan, me siento fatal.

—¿Y eso? ¿Qué ha pasado?

—Un chico del gimnasio al que le gusto me ha invitado a tomar un café mañana y le he dicho que sí.

—Entiendo que es un problema porque en realidad querías decirle que no, ¿verdad?

—Exacto. Es que, aunque no me guste, es muy buen chico y no quería herirle.

—Comprendo, pero dime: ¿cómo se sentiría si supiese que le has dicho que sí por pena?

—Imagino que fatal también, pero creo que iré a tomar el café con él y ya está. Me aguantaré yo.

—Ya, pero… ¿y la próxima vez? ¿Ahí sí podrás decirle que no y herirle a diferencia de ahora?

—Es verdad, ¿qué hago Joan?

—Llámalo si no lo vas a ver antes de la cita y dile que le respondiste sin pararte a pensarlo, que te cae muy bien pero que no buscas lo mismo que él. Que lo sientes mucho pero que no os tomaréis ese café.

—Madre mía, creo que prefiero tomarme el café.

—Es lo más fácil, pero eso solo va a retrasar lo inevitable

y, encima, tendrás que sumarle las ilusiones que se hará al tener una cita contigo.

—Joder, Joan…

—Lo sé, lo sé…, pero ¿qué vas a hacer ahora?

—Mañana temprano lo veré en el gimnasio, se lo diré allí. Y si no coincidimos, lo llamaré enseguida. Gracias, Joan…

—Ánimo.

Se encontraron en el gimnasio y Ana se explicó. Cuando terminó, le pidió perdón y el chico, aunque dolido, aceptó sus disculpas. La vida es así. A veces no podemos evitar hacer daño a los demás, aunque no queramos hacérselo de ninguna manera.

Finalmente, está el «no» más difícil de decir: el que nos toca decirnos a nosotros mismos. Y este es el tipo de «no» para el que más disciplina se necesita.

Eres disciplinado cuando quieres procrastinar, pero te dices a ti mismo que no y te pones a hacer lo que es debido.

Eres disciplinado cuando deseas comer algo que no te conviene en ese momento y te lo niegas.

Eres disciplinado cuando quieres escribir un mensaje a la desesperada a tu expareja y al final decides no hacerlo.

Y eres disciplinado cuando te dices que no pasa nada por ver dos episodios más de tu serie aunque sea la hora de irte a dormir pero… retomas el control, apagas la tele y te metes en la cama, como es debido.

El tigre tiene rayas y el disciplinado sabe decirse a sí mismo que no. Fin.

Por tu libertad, tu autoconfianza, tu autoestima, tu fortaleza, tu valentía y, sobre todo, por tu disciplina: di «no» cuando lo debido sea decir «no».

REGLA N.º 44

Todas las personas fuertes y valientes son disciplinadas

Así es, todas las personas fuertes y valientes son disciplinadas, pero no todas las personas disciplinadas son fuertes. Esto es necesario explicarlo bien porque puede dar pie a confusiones.

La disciplina, como todas las virtudes, puede usarse para cosas buenas y para cosas… no tan buenas. Por ejemplo, un ladrón podría ser muy disciplinado a la hora de preparar y perpetrar un robo. Siguiendo este exagerado ejemplo, voy a poner otro que me he encontrado más de una vez en mi despacho.

Luis tenía tanto miedo a decepcionar a su padre con sus notas durante su paso por la universidad que se convirtió en un chico extremadamente disciplinado con el estudio. Solo sacaba sobresalientes, pero lo hacía porque no soportaba la idea de recibir la desaprobación de su padre, ya que a Luis tanto le daba sacar un ocho que un diez. Lamento sonar duro, pero eso es ser disciplinado pero también débil.

Asimismo, hay muchas personas que son disciplinadas solo en un área de su vida, pero en absoluto en otras. Tuve una clienta que era muy disciplinada en su trabajo, pero no en su vida sentimental, que era un caos absoluto en el que reinaba su expareja, que hacía con ella lo que quería. También es un ejemplo de esto Carla, que era una mujer muy disciplinada con el dinero, pero después no sabía controlar a sus hijos.

No hablemos ya de las personas que se esconden tras la disciplina para no afrontar, por miedo y debilidad, otras parcelas de su vida. Como Jaime, que era una máquina de trabajar, organizarse y hacer dinero, pero en el fondo lo hacía para evitar estar en su casa con su pareja, a la que llevaba tiempo queriendo dejar.

Así que, sí, una persona puede ser disciplinada y estar falta de otras virtudes como la valentía o la fortaleza. Sin embargo, jamás, ni una sola vez, he escuchado decir de alguien «es fuerte pero no disciplinado», «valiente pero no disciplinado», «seguro de sí mismo pero no disciplinado» y tampoco, por supuesto, «feliz pero no disciplinado». No es una causa-efecto, pero sí hay una correlación que se repite siempre o que al menos yo no he visto que falle ni una sola vez.

¿Qué hacer para empezar a ser disciplinado y provocar también la llegada o el refuerzo de virtudes tan necesarias como la fortaleza o la valentía? Tres cosas:

1. Ser disciplinado en todas las áreas que puedan ser mejores con la disciplina que sin ella.

2. Poner la disciplina al servicio de cosas importantes y valiosas para la vida.

3. No usar la disciplina para esconderse de nada.

Si se respetan estos tres principios, la disciplina vendrá de la mano de la fuerza y el coraje como si de un efecto dominó se tratase.

La disciplina no es fácil. Durante un tiempo, sobre todo al principio o con las decisiones y acciones más difíciles e importantes de llevar a cabo, se puede llegar a sentir mucha

Pon la disciplina al servicio de la virtud y vendrá acompañada de fortaleza y valentía.

resistencia y sufrimiento. Cuando logramos la victoria frente a eso, también nos hacemos fuertes. Porque, básicamente, la fortaleza es la capacidad para resistir, para soportar, para no doblegarse ni romperse ante la fuerza del dolor, la presión y el sufrimiento. Es, en definitiva, ser más fuerte que la fuerza que actúa contra ti.

Por otra parte, la valentía no es la ausencia del miedo, sino la capacidad para enfrentarse a él debida y adecuadamente. Si hubiese ausencia de miedo, no habría valentía.

Así pues, si la disciplina es hacer lo debido, y lo debido es enfrentarme a un miedo, entonces enfrentándolo me hago tanto disciplinado como valiente.

No puedo usar la disciplina para no afrontar lo que temo o para protegerme de las cosas que debo soportar. En ese caso la disciplina quedaría hueca, vacía, sola, sin fortaleza ni valentía.

Una señal evidente de si la disciplina se está usando como corresponde es el poso que deja. Si en su ejercicio sientes satisfacción, más fortaleza, valentía, confianza, seguridad en ti, autoestima y, sobre todo, paz interior, es que lo estás haciendo bien. Si no queda nada de esto, si no sientes estas cosas dentro y, pese a ello, te consideras alguien disciplinado, es que algo no funciona adecuadamente y tienes que sentarte a reflexionar sobre el sentido y los motivos que se esconden tras esta problemática.

Como he dicho ya, toda persona fuerte también es disciplinada, pero lo más normal es que una persona disciplinada también sea fuerte. Hay excepciones como las que te he mostrado y es importante señalarlas porque existe un riesgo de terminar cayendo en una de ellas.

Hace unos meses leí una noticia sobre unos narcotraficantes que introducían cocaína en diversos países ocultándola dentro de peluches. Es cierto, como ves, que hasta lo más bonito puede usarse para cosas bien feas.

Tú solo preocúpate de poner la disciplina al servicio de la virtud y de lo que es realmente bueno para tu vida, y te prometo que vendrá a ti acompañada de fortaleza, valentía y muchas otras cosas buenas.

Usa la disciplina con honor y dignidad.

Que la disciplina te sirva para alcanzar lo que es difícil e importante.

Que la disciplina sea la autopista por la que corran las demás virtudes.

Que la disciplina sea un espejo en el que puedas mirarte con orgullo y respeto por ti mismo.

Ocúpate de la disciplina, y ella se ocupará de ti.

REGLA N.º 45

Aprende a concentrarte (ya casi nadie sabe hacerlo)

—Joan, soy incapaz de estar concentrado viendo una película o una serie, así que… como para pensar en ver un documental.

—Entonces ya ni hablemos de escuchar una conferencia o leer un libro, ¿no?

—Uf, sinceramente, me veo incapaz.

Tengo cientos de conversaciones como esta al año. Y no exagero lo más mínimo. El análisis es el siguiente: nuestra capacidad de concentración en los últimos años se está yendo al garete a velocidad terminal.

Mi teoría es que esto se debe a la aparición de los *smartphones*, las redes sociales, las plataformas de contenido en *streaming* como Netflix y la reciente popularización del contenido en vídeo de corta duración, como los *reels*, *shorts*, TikTok y similares.

El cambio de paradigma comenzó a finales de la primera década y principios de la segunda del siglo XXI, cuando se extendió entre la población el uso de los teléfonos inteligentes y nuestra forma de vivir cambió para siempre. Nunca habíamos tenido la posibilidad de llevar encima, metido en un bolsillo, tal cantidad de entretenimiento inmediato. Nunca habíamos estado tan localizables. Nunca habíamos podido mandarnos mensajes a coste cero. Nunca habíamos podido mostrar nuestra vida al mundo en directo a través de la cámara del móvil. Y nunca habíamos recibido tanta información y tantos estímulos mentales en un día.

Creo que aún no somos conscientes del cambio tan brutal que hemos sufrido como sociedad e individuos en tan poco tiempo. Y menos aún de sus consecuencias.

El teléfono móvil se ha convertido en una nueva extremidad del ser humano. Raro es que no tengamos el dispositivo en todo momento a menos de dos metros de nosotros. Nos vamos a dormir y vigila nuestro sueño desde la mesilla de noche. Nos despierta con sus alarmas y es lo primero que tocamos en el día. Lo consultamos antes de meternos en la ducha y lo usamos como banda sonora de nuestro aseo personal. Incluso hemos adquirido la extraña costumbre de sentarlo a comer y cenar con nosotros. Ahora mismo, quedar con alguien y no poner el móvil sobre la mesa junto a los cubiertos es una señal de educación y protocolo, así está el nivel. Con nadie pasamos tanto tiempo ni interactuamos tantas veces al día.

La cuestión es: ¿llevamos nosotros el móvil o el móvil nos lleva a nosotros?

«Si no llevo el teléfono encima siento que voy desnudo», me dijo una vez un cliente.

Mi opinión: el móvil está hecho para ser adictivo y muchas corporaciones trabajan para crear aplicaciones que sean cada vez aún más adictivas.

Los *smartphones* son fáciles de usar, son bonitos, se ven muy bien, tienen un sonido genial, son rapidísimos, poseen cámaras de fotos y vídeo espectaculares, puedes ver series y películas, leer las noticias, escuchar la radio, consultar tus redes sociales, realizar videoconferencias con decenas de personas, hablar con una IA y, como dice un amigo mío: «Y hasta puedes hacer llamadas telefónicas». Si en el año 2000, cuando yo tenía dieciséis años, alguien me hubiese dicho que existiría algo así en el futuro y además a un precio asequible para todo el mundo..., no me lo habría creído. En esa época lo más increíble que podías hacer con tu teléfono era echar unas partidas al *Snake*, el mítico juego de la serpiente.

Los teléfonos ya no son teléfonos, ni son siquiera ordenadores, son centros de entretenimiento.

Y hablando de entretenimiento, ahí tenemos lo realmente delicado de este asunto: los algoritmos.

¿Nunca has perdido la noción del tiempo consumiendo contenido en redes sociales o en YouTube? ¿Nunca has tenido la sensación de no poder parar de hacer *scroll*? Bien, detrás de eso hay personas que se han hecho multimillonarias. Hay personas cuidando un algoritmo que hace muy bien el trabajo que se le ha encomendado: tenerte el máximo de tiempo posible usando una aplicación en el teléfono.

Y para conseguirlo, la aplicación te va a dar justo lo que quieres, jamás lo que necesitas. El algoritmo sabe lo que quieres antes que tú. Te quiere seducir y por eso te da lo que te da en el formato en el que te lo da: rápido y breve.

—¿Cuánto esperas antes de decidir si pasas a otro vídeo? —le pregunté por curiosidad una vez a un amigo.

—No lo sé, ¿medio segundo quizá? ¿Uno, tal vez? —me respondió con toda tranquilidad.

—¿Medio segundo? Es imposible saber si el vídeo te va a gustar en ese tiempo.

—Me da igual, si no me das lo que quiero rápido, me voy a otra parte.

El algoritmo nos mastica el contenido, lo convierte en papilla y nos lo da en la boca. Solo hay que decir «aaah» y tragar. Y hace su trabajo muy bien porque está hecho para conocerte muy bien. Te conoce mejor que tú. Conoce tus

Usa el móvil, pero evita el uso inconsciente. Toma el control. La disciplina es tu único escudo contra el poder de los algoritmos.

límites y tus niveles de paciencia. Los tuyos y los de todo el mundo. Por eso cada vez, a nivel global, el contenido que se te muestra es más directo y rápido. También está lleno de los ya famosos «ganchos» para captar tu atención y está repleto de trucos psicológicos para mantenerte dentro del contenido y así evitar que te marches.

Hacemos eso incluso con las películas. «Si en los primeros cinco minutos de película no estoy ya enganchada, la quito», me dijo una vez una clienta.

Nos hemos vuelto más caprichosos y, desde ahí, mucho más impacientes. Y es esa impaciencia la que hace que cada vez se nos entregue un contenido que puede ser consumido con unos niveles mínimos de concentración. Esto es, en mi opinión, lo que con el tiempo ha ido reduciendo tanto nuestra capacidad para concentrarnos.

Acostumbrados a que nos den papilla en la boca, ahora no hay manera de poder masticar un filete.

Ahora nos cuesta más leer un libro entero. Nos cuesta mirar una película o mantener una conversación y no consultar el móvil veinte veces mientras lo hacemos. Nos cuesta incluso salir a caminar sin llevar música o algún pódcast en los auriculares. Es que hasta hemos desarrollado la habilidad de andar por la calle sin tropezarnos mientras no apartamos la mirada de la pantalla del móvil.

¿Cuál es la solución? Despegarte del teléfono todo lo que puedas. Sé que es dificilísimo y que la lucha es desigual. Es muy difícil batir a tal horda de ingenieros, programadores, diseñadores, etcétera, pero es necesario presentar batalla ofreciendo resistencia.

Usa el móvil lo mínimo que te sea posible.

En tus descansos no lo mires, lee un libro o simplemente descansa y mira el cielo. Lo que sea, menos el móvil.

No tengas el móvil cerca de ti cuando estés trabajando.

Si vas a ver una película, apaga el teléfono o déjalo en otra habitación.

Si quedas con alguien, mantén el dispositivo en el bolso o en el bolsillo.

Sal a pasear sin el móvil.

Cómprate un despertador de toda la vida y que sea él quien te despierte.

Intenta, por todos los medios, que mirar el móvil no sea lo primero ni lo último que haces en un día. No te metas en la cama con el móvil en la mano.

Usa el móvil, pero evita el uso inconsciente. Toma el control. Y si no puedes, apártalo de ti durante un tiempo. Acostúmbrate a no llevarlo siempre encima. No te dejes dominar sin ofrecer resistencia.

La disciplina es tu único escudo contra el poder de los algoritmos. No tienes nada más para luchar contra ellos. Si lo aplicas, en poco tiempo recuperarás tu capacidad de concentración. Y eso, hoy en día y cada vez más, supone formar parte de un porcentaje muy selecto de la población. En un mundo de impacientes, el que sabe concentrarse es el rey.

Saber concentrarse es una habilidad y, por lo tanto, se puede mejorar si se practica o atrofiarse si no se hace. Si la incluyes como una prioridad en tu vida, podrás llegar a convertirla en una maestría diferencial con respecto a la mayoría. Serás uno entre diez mil, quizá entre cien mil. Tendrás una ventaja demasiado grande como para no aprovecharla.

Aprende a concentrarte, porque casi nadie lo sabe hacer ya.

REGLA N.º 46

No procrastines (I)

Estaba en el trabajo, era un viernes por la tarde de 2009, a final de mes. Ese día me daban un plus en metálico por incentivos conseguidos durante los últimos treinta días. Llevaba semanas trabajando muy duro y el sobre fue espectacular. Cobré casi quinientos euros. Nada más salir del trabajo llamé a tres amigos y decidimos irnos de fiesta. Nos fuimos a cenar y después a una discoteca bastante exclusiva de Palma. Llegué al club con unos cuatrocientos cuarenta euros tras pagar mi parte de la cena. «Voy sobrado», pensé. Era la primera vez que iba allí y me dijeron que la cuenta se pagaba al final, que tú ibas pidiendo, ellos apuntando y te cobraban a la salida. «Sin problema, mejor», respondí.

Calculé que quería gastarme unos ciento cincuenta euros, y comenzamos a pedir. En un momento dado se nos antojó pedir chupitos, combinados e incluso una botella de champán, y eso que yo odio el champán. Había perdido la cuenta de lo que habíamos pedido, y mis amigos también. Todo eran risas, diversión y despilfarro, hasta que llegó la factura. La mía: quinientos setenta euros, ciento treinta euros más de lo que me quedaba. No recuerdo la de mis amigos, pero sí nos recuerdo llamando a familiares y amigos para que nos trajesen dinero. Eran las siete de la mañana. Imagínate.

Me fui a casa abochornado y con una ansiedad brutal por pensar que ya no me quedaba nada del dinero que ese mismo día había recibido.

La procrastinación es igual. Todo es diversión hasta que lo aplazado pasa a ser inaplazable.

Pero ¿qué es exactamente la procrastinación?

Procrastinar es postergar, posponer, aplazar, retrasar o evitar actividades o situaciones que es preciso atender, pudiendo incluso sustituirlas por otras más fáciles o gratificantes aunque absolutamente irrelevantes o intrascendentes.

Por ejemplo, tienes que hacer un informe importante para tu jefe, pero, en lugar de eso, te pones a revisar las redes sociales o te entretienes limpiando la bandeja de entrada del correo electrónico. Básicamente, es esto, aunque es cierto que hay diferentes tipos de procrastinación, en especial son tres y abarcan casi toda la problemática. Te los explicaré para que conozcas bien al enemigo y detectes en cuál de ellos te encuentras encallado. Todos son muy frecuentes; tal vez te veas reflejado en más de uno o incluso en todos ellos.

El primer tipo de procrastinación es, en mi opinión, el más grave; sin embargo, es al que menos importancia se le suele dar. Es el que presenta las peores consecuencias, pero con un gran matiz: sus repercusiones llegan en el largo plazo. Es la procrastinación que nos lleva a retrasar proyectos de vida de extrema importancia. Los ejemplos más comunes los observamos en la intención de comenzar a hacer ejercicio, cambiar de trabajo, emprender un negocio, dejar de beber, comer mejor, bajar de peso, dejar de fumar… Son aquellas cosas que llevas años diciendo que pronto comenzarás y que aplazas constantemente.

Es un tipo de procrastinación difícil de contrarrestar porque involucra dos cuestiones clave que, además, están relacionadas. La primera: la ausencia de plazos o fecha límite. ¿Cuándo es el mejor momento para cambiar de trabajo o empezar a hacer ejercicio? ¿Hoy? ¿Mañana? ¿El mes que viene? ¿Dentro de un año? ¿Dentro de diez? Se suele decir que el mejor momento para empezar algo así es hoy, pero, aunque pueda ser cierto en parte, nunca es la opción más sencilla. Por no hablar de lo fácil que es excusarse diciendo, por ejemplo: «Ya, pero esto no se puede hacer de la noche a la mañana, hay que pensarlo y prepararlo bien»; lo cual es también bastante razonable.

Y la segunda cuestión clave que involucra ese primer tipo de procrastinación es lo fácil que resulta posponer un problema que aún no ha mostrado sus peores consecuencias. El gran escritor y pensador G.K. Chesterton presentó siempre un exceso de peso muy preocupante, pero solía decir que no hacía ejercicio por dos razones: porque le aburría y porque el único motivo para bajar de peso era conservar una salud que aún no le había abandonado, así que «¿para qué ponerse ahora?».

Es como los efectos de no ahorrar. No los notas cuando cobras la nómina o cuando aún tienes dinero en el banco para cubrir gastos. Los notas cuando pierdes un empleo, cuando se te estropea el coche o cuando llegas a la jubilación sin un colchón. Pero, claro, eso puede pasar o no, o puede estar muy lejos en el tiempo. «Ya pensaré en ello el día de mañana; ahora no me quiero agobiar», suelen decirme mis clientes cuando saco este tema.

En resumen, este primer tipo de procrastinación es el menos cotidiano pero el más grave de todos por sus consecuencias a largo plazo.

El segundo tipo de procrastinación es aquel en el que no aplazamos la tarea o actividad que tenemos que hacer pero la interrumpimos cada dos por tres, algo muy frecuente en el

Todo es diversión hasta que lo aplazado pasa a ser inaplazable.

trabajo o en los estudios. Se da cuando empiezas algo y, antes de que te des cuenta, te cazas a ti mismo navegando por internet, haciendo limpieza en la galería de fotos del móvil o contestando algún mensaje de WhatsApp. Es comenzar algo que debes y puedes hacer, y terminar haciendo otra cosa menos importante y menos difícil. Es cuando nos vemos diciendo: «Madre mía, llevo tres horas aquí y no he avanzado nada».

Y el tercer tipo de procrastinación es aquel en el que te resistes a hacer algo que sabes que deberías y podrías hacer, porque tienes el tiempo y los medios necesarios, pero, por algún motivo, no haces.

Esto también es bastante común y aparece muy pronto en la vida, desde que vamos al colegio. Es ese trabajo que te mandaban hacer y posponías hasta el último día; esos deberes que hacías justo antes de entrar en clase; o ese examen que te anunciaban con un mes de antelación pero para el que no llegabas a estudiar nunca.

De adultos, este tercer tipo de procrastinación suele darse en acciones o situaciones que no afrontamos y que tienen consecuencias en el corto o medio plazo: cuando te vence una fecha límite para presentar un documento o pago y terminan multándote o cobrándote intereses extras, cuando no le cambias el aceite al coche y se termina averiando, o cuando sabes que tienes que hacer frente al pago del seguro pero no ahorras antes para renovarlo.

También entran aquí muchos de los propósitos de Año Nuevo. ¿Sabías que hay estudios que demuestran que solo el 8 por ciento de las personas cumplen con los propósitos de Nochevieja? «Para cuando llegue el verano estaré hecho un figurín», «Cuando termine el año tendré ahorrados cinco mil euros» o «Este año aprenderé un nuevo idioma» son solo algunos de estos ejemplos de los objetivos que rara vez se alcanzan.

Aunque los tres tipos de procrastinación son perjudiciales, es en los dos últimos donde más se nota este efecto. Cuando nos fallamos, también nos decepcionamos con nosotros mismos, y eso provoca una bajada notable en nuestros niveles de autoestima y autoconfianza. Por eso no hay que infravalorar las consecuencias de la procrastinación. Van más allá de las cosas que retrasamos, que abandonamos o que incluso nunca llegamos a hacer. Van sobre los efectos que eso tiene en nuestro interior, en nuestra mente y en nuestra autopercepción.

Ahora ya sabes qué pinta tiene el adversario. En el siguiente capítulo te enseñaré por dónde atacarlo y vencerlo para siempre.

REGLA N.º 47

No procrastines (II)
10 consejos para vencer la procrastinación

En el capítulo anterior has conocido los principales tipos de procrastinación. Ahora es el momento de ponerse manos a la obra. Te daré muchas soluciones distintas que he probado durante más de una década conmigo y con mis clientes. Este capítulo es el más largo, pero lo he estructurado en diez consejos bien diferenciados para facilitarte la lectura. Prueba hasta que encuentres los que te funcionen mejor. Adáptalos a tu problemática personal si lo necesitas, ninguno de ellos está escrito en piedra. Experimenta, testea y haz los cambios que consideres. Haz lo que sea, pero no te rindas, vencer la procrastinación es posible y merece muchísimo la pena.

Vamos allá.

Antes de comenzar con mis diez consejos haré un breve comentario sobre una técnica por la que me han preguntado decenas de veces: la técnica de los cinco segundos. Fue popularizada en 2018 por Mel Robbins, que propone lo siguiente en su libro *El poder de los 5 segundos*: «Cuando sientas dudas de si hacer algo o no, y sabes que deberías hacerlo, utiliza esta técnica. Empieza contando hacia atrás para dentro: 5, 4, 3, 2, 1. Cuando llegues al "1", muévete. Eso es todo. Es sencillo, pero déjame machacarlo una vez más. Cuando haya algo que sepas que debes hacer, pero tengas dudas, miedo o te sientas agobiado…, toma el control haciendo una cuenta atrás 5, 4, 3, 2, 1. Esto acallará tu mente. Luego, cuando llegues al "1", muévete».

Mi opinión: es interesante, rápido y accesible para cualquiera. Puedes probarlo hoy mismo; cuando acabes de cenar, cuenta hacia atrás desde 5 y al llegar al 1 levántate de un salto y ponte a fregar los platos. Seguramente te funcione. Pero… a mí no me gusta. A ver, es mejor que nada, eso está claro, pero es un poco como tirar de voluntad, motivación o fuerza bruta. No tengo claro que sea una técnica que se pueda sostener en el tiempo, y prefiero que tú entres hasta el fondo de la cuestión con soluciones profundas que vayan a la raíz del problema.

Y ahora sí, mis diez consejos.

1. Divide cada proyecto en partes/tareas

Cuando lo que tenemos que hacer es algo grande o que nos va a llevar bastante tiempo completar, es muy probable que nos abrumemos por el tamaño del proyecto y no lleguemos a comenzarlo nunca. Lo mejor que puedes hacer es dividir la tarea en el máximo número de pasos que te sea posible y decidir cuál de ellos sería el primero que dar. Cuando lo hagas, descubrirás que empezar no es tan complicado como pensabas. Entonces, cuando completes el primer paso, solo tendrás que preguntarte: «¿Y ahora cuál es el siguiente?». Y cuando termines con el segundo, pasas al tercero, y así hasta el final. Este consejo lo aprendí de David Allen, el gurú de la organización personal, en su libro *Organízate con eficacia*, y lo uso constantemente con mis clientes.

El ejemplo más común que puedo ofrecerte lo veo cuando un cliente quiere dejar su empleo, pero no sabe ni por dónde empezar. «Joan, me agobio solo de pensarlo, es demasiado difícil». Es normal pensar así, si en el fondo creemos que no vamos a poder hacer algo es razonable que aparezca la resistencia. Si a mí me dijesen que dentro de un año tengo que pelear con el nuevo Mike Tyson, lo más probable es que me pusiese a pensar en cómo escabullirme del combate y no en cómo entrenarme para combatir.

¿Qué les propongo yo a mis clientes? Que reescriban su currículum. Ese es el primer paso. No lleva demasiado tiempo, no es complicado y se puede tener hecho en dos o tres días. ¿El siguiente? Pensar y decidir a qué empresas enviar dicho currículum. Se puede completar en un fin de semana, y tampoco es difícil. El siguiente es pedir a sus mejores contactos si conocen de alguna vacante que encaje con ellos, y esto puede hacerse en una tarde. El siguiente paso ya es ir a las empresas seleccionadas para entregar el currículum. El siguiente, esperar a que llamen de alguna empresa para la entrevista. El siguiente sería ir a la entrevista. Y el último, en el caso de ser seleccionado, dejar el actual empleo para pasar al nuevo. Así es como se hace. Ya lo dicen: ¿cómo te comerías un elefante? Muy sencillo, bocado a bocado.

Recuérdalo: todo proyecto de gran tamaño, incluso el más complejo, se puede dividir en partes más pequeñas, organizadas desde el principio. Acostúmbrate a pensar así y nunca más te abrumarás por lo que tienes que hacer, por muy grande o difícil que sea.

2. Fíjate más en las metas a corto plazo y menos en la meta final

Cuando empecé a ir a correr, me preparaba una ruta calculando los kilómetros y el tiempo que tardaría, y salía a la calle.

La consecuencia de la procrastinación es siempre peor que la molestia de hacer lo debido.

No tardaba mucho en agobiarme al ver el poco tiempo que llevaba corriendo y lo mucho que me faltaba, y en ese momento solía desanimarme, dejaba de correr y me ponía a andar. Así llegué la mayoría de las veces a casa, andando y derrotado. Y eso que comencé como se tiene que hacer, despacio, en sesiones breves, de unos quince o veinte minutos. Pero ¡es que a mí veinte minutos corriendo sin parar me parecía muchísimo! Un día todo eso cambió, sin más. Iba corriendo por una carretera, me ardían los pulmones y quería parar cuando, justo antes de hacerlo, vi un árbol a unos veinte metros y me dije: «Venga, va, hasta ese árbol y luego te paras». Y seguí corriendo hasta el árbol, pero justo antes de llegar pensé que podría buscar otra referencia visual y continuar. «Vamos, ahora hasta ese poste de teléfono». Así que corrí hasta el poste sin parar y luego me dije: «Y ahora hasta esa casa de ahí». Fui repitiendo este proceso hasta que me di cuenta de que… ¡llevaba cuarenta y ocho minutos corriendo! Nunca en toda mi vida había corrido tanto tiempo seguido. Fue increíble. Iba lento, muy lento, pero corriendo. Desde entonces, usé siempre esta técnica y jamás me falló.

¿Otro ejemplo? Claro, lo tienes en las manos: este libro. ¿Escribir un libro es difícil? Diría que sí. ¿Escribir cuatro páginas al día es difícil? Diría que bastante menos que pensar en escribir y terminar el libro entero. ¿Me explico? Así es como encaro yo siempre la escritura de un libro y, gracias a ello, nunca se me ha hecho pesado terminarlos.

3. Visualiza los beneficios

Este es uno de los dos consejos que más uso: visualiza cómo sería comenzar y terminar aquello a lo que te estás resistiendo. Visualiza el resultado y la paz mental que tendrás.

Me sucede muchas veces con la parte burocrática de mi trabajo, en especial lo que tiene que ver con las facturas. Siempre he odiado el papeleo. No podría contar la infinitud de papeles que habré perdido en mi vida. Por perder he perdido muchas veces hasta mi DNI y el carnet de conducir.

Cuando veo que tengo que mandar facturas a clientes, noto en mis huesos esa resistencia. Me digo que tengo cosas mucho más importantes que hacer, que las facturas pueden esperar, que no pasará nada por mandarlas unos días más tarde, pero... decenas de veces al día pienso en que si no las mando ya, pronto se les sumarán otras y cada vez me resultará más costoso ponerme al día. Entonces, lo que hago es imaginar cómo sería haberlas mandado todas, no tener ni una sola factura pendiente y, sobre todo, tener mi mente liberada del recordatorio recurrente de lo que tengo que hacer y estoy evitando.

Lo recalco: me molesta profundamente tener la cabeza ocupada con este tipo de actividad mental, porque quiero pensar que tenemos esta milagrosa herramienta llamada cerebro para asuntos más importantes. Mientras esté pensando en facturas sé que no me vendrán ideas brillantes ni pensamientos excelentes. No puedo permitirme eso.

4. Piensa en las consecuencias

Este es el otro consejo que más uso y mi favorito: piensa en las consecuencias de tu procrastinación. ¿Qué pasará si sigo aplazando más esto? ¿Qué consecuencias puedo llegar a sufrir? Tenía un cliente que evitaba visitar a su abuelo. Decía que ya estaba muy mayor y no se enteraba de mucho. Sin embargo, se sentía culpable por no ir. «Me da pereza, pero debería ir más a menudo. Vive en el mismo pueblo que yo y hace tres meses que no voy a verlo, no tengo excusa. Se puede morir cualquier día», decía. Dicho y hecho, al día siguiente murió. Como te puedes imaginar, mi cliente lo pasó muy mal y nos costó muchísimo quitarle esa culpa de encima.

Demorar estudiar para ese examen final puede que provoque que tengas que estudiar todo el verano.

Evitar esas conversaciones difíciles con tu pareja puede terminar en divorcio.

No ahorrar puede llevarte a problemas económicos graves en algún momento de tu vida.

Comer mal y no hacer ejercicio puede acabar provocándote una enfermedad grave o incluso una muerte prematura.

La consecuencia de la procrastinación es siempre peor que la molestia de hacer lo debido. Es un principio que tengo grabado a fuego y que intento recordar siempre.

5. Anticípate a las interrupciones

Un día abrí la página de Google Chrome en el ordenador del despacho y me fijé en la información que aparece justo debajo de la barra de búsqueda, esa que te indica qué sitios webs visitas más. En ese momento aparecían dos webs de periódicos deportivos, tres portales de noticias, YouTube y Twitter. Me pareció terrible porque no sacaba nada de provecho de ninguna de ellas, excepto de YouTube. ¿Qué hice? Descubrí una extensión llamada *Block Site* con la que podía autobloquearme el acceso a las webs que yo decidiese. Mano de santo. En apenas unos meses mis webs más visitadas pasaron a ser la aplicación de videoconferencias *Zoom*, mi servidor de newsletter, mi blog, Gmail, Bible Gateway, YouTube y Wikipedia. Hoy sigue siendo así. Mucho mejor.

Prueba esa aplicación. Es increíble, y gratis.

Ya he hablado sobre el impacto negativo del móvil en nuestros niveles de concentración. A esto hay que añadirle su capacidad para distraernos e interrumpir lo que estamos haciendo. Tengo que decir que nunca he sido amigo de estos dispositivos, pero muchos de mis clientes sí lo son. El consejo que les doy es que lo hagan desaparecer de su lugar de trabajo o de donde sea que les pueda distraer de lo que quieren y necesitan hacer.

Pedro era inversor y trabajaba con el móvil encima de la mesa…, aunque no lo necesitaba para nada. Le recomendé que se lo diese a su secretaria para que atendiese las llamadas por él y tomase nota del recado. Su productividad se disparó de un día para otro. Alejandro era abogado y necesitaba hacer multitud de llamadas al día pero también tenía que lidiar con mucho papeleo y correspondencia. Lo primero que le recomendé fue que se comprase un teléfono para el trabajo y otro para su vida personal. Lo segundo que le aconsejé, lo más importante, fue que delimitase en su agenda los momentos idóneos para devolver llamadas cada día, de forma que solo podía acceder al teléfono del trabajo en cuatro franjas de cuarenta minutos al día, tiempo más que necesario para atender todas las llamadas de sus clientes. Finalmente, tenía a Isabel, que me comentaba que no se concentraba leyendo porque antes de darse cuenta se descubría a sí misma mirando el teléfono.

—Isa…, deja el teléfono en otra habitación. No leas con el teléfono cerca. Así de fácil —le dije.

—Ya…, pero… ¿y si me llaman?

—Enchúfalo a un altavoz si hace falta, pero hazlo lejos de ti. Y desactiva las notificaciones para mensajes y redes sociales. Que si suena sea solo porque te están llamando. Si eso pasa, te levantas, vas al cuarto en el que esté el teléfono, respondes o devuelves la llamada y cuando acabes vuelves a donde estabas para seguir leyendo. Fin.

Inés continúa haciendo eso años después, totalmente entregada a la lectura, sin distracciones.

Por cierto: no estamos obligados a contestar al momento a todas las llamadas o mensajes que recibimos. Podemos elegir cuándo hacerlo. ¿De acuerdo?

Y luego tenemos las interrupciones en persona. Aquí solo hay que tener el valor necesario para pedir no ser molestado. Puedes decir, por ejemplo: «Voy a estar dos horas ocupado y concentrado, necesito que no se me interrumpa, muchísimas gracias». ¿Y si no hacen caso? Se vuelve a pedir cada vez con más seriedad hasta que se capte el mensaje. A veces, solo hay que ser un poco más cabezota que el otro cabezota que tenemos enfrente.

6. Descansa bien

Es muy sencillo, si no descansas adecuadamente durante la noche, estarás agotado durante el día y te costará muchísimo vencer tu procrastinación. Es más, tendrás una gran excusa añadida. «He dormido fatal, no estoy para grandes proezas hoy», ¿quién no se ha dicho algo así alguna vez? Duerme bien. Prioriza el descanso por encima de casi cualquier otra cosa. Un guerrero que no duerme bien es un guerrero muerto. Cuanta más energía tengas, menos margen dejarás a la procrastinación.

7. Procrastina con intención

Sé que la página de inicio personalizada de YouTube es una pasada y que apetece ver todo lo que sale allí. Sé que Instagram y TikTok son muy adictivos y que los vídeos de gatitos graciosos nunca terminan. Y sé que Twitter es extremadamente entretenido. Así que, en lugar de aconsejarte no consumir contenido de este tipo de plataformas, lo que te propongo es que te lo guardes para momentos y lugares concretos. Javi solo entraba en TikTok en su viaje en metro al trabajo. Mary solo miraba Instagram cuando tenía que subir un post y de nueve a nueve y media de la noche. Julián solo miraba vídeos de YouTube en sus descansos en el trabajo y durante su hora de cardio en la cinta de andar, perfecto. Hay un momento para todo, y para esto también puede haberlo. Búscaselo para que no aparezca más durante el día.

8. Obsérvate

Puntúate al final del día sobre tu lucha contra la procrastinación. Si el día ha sido un desastre y has procrastinado sin parar, intenta descubrir qué ha pasado para que haya sido así y trata de ponerle remedio anticipándote la próxima vez. Te pongo varios ejemplos con clientes: Anaïs me dijo que cuanto menos y peor se organizaba, más postergaba. Raúl me confirmó que si tenía el teléfono cerca, posponía sin parar: «No lo controlo, Joan, me puede, ahora ya lo dejo escondido en el coche antes de entrar al trabajo».

Por otra parte, si has tenido un gran día y apenas has procrastinado o no lo has hecho en absoluto, intenta inferir la causa y procura repetirla. Lourdes me dijo que desde que había dejado de quejarse y poner excusas, también había dejado de procrastinar: «Quizá una cosa vaya con la otra, ¿no?», me comentó. Carlos me aseguró que si tenía su escritorio despejado con lo justo y necesario para trabajar, postergaba muchísimo menos.

9. Descubre la verdadera razón por la que procrastinas

Si es por pereza, miedo, desorganización, aburrimiento y motivos así, la disciplina mental es tu aliada y debes usarla para combatir el mal hábito de postergar lo que deberías estar haciendo.

Pero, cuidado, a veces la procrastinación tiene auténticos y válidos motivos para existir. Puede que en realidad odies tu trabajo y, en lugar de descubrir cómo rendir más, lo que deberías hacer es ir buscando otro empleo. Yo he postergado conversaciones con antiguas parejas porque, en el fondo, lo que quería era no hablar con ellas… nunca más. ¿Qué conversación difícil va a tener alguien con su pareja si no desea estar con ella? En su momento gastaba y gastaba sin parar, evitando cualquier tipo de ahorro, porque en el fondo me detestaba a mí mismo. Mi incapacidad para ahorrar era un símbolo de lo que escondía y de verdad debía atender.

Escucha a tu procrastinación. No vaya a ser que tenga algo muy importante que explicarte y… pedirte.

10. Ve despacio

Al principio proponte solo procrastinar un poco menos cada vez. Tómatelo como algo que irás arreglando durante, por ejemplo, un año. No corras. La única forma de pasar de 100 a 0 es estrellándote contra un muro.

Y recuerda: merece muchísimo la pena.

No te rindas.

REGLA N.º 48

Y nunca dejes de intentarlo

Esta es la última regla del libro.

Quiero explicarte algo importantísimo. Yo estoy aquí para decirte la verdad porque solo puedo ayudarte contándote la verdad, así que presta especial atención a esto: puede suceder que después de leer este libro hagas un nuevo intento con la disciplina y… no lo consigas.

Pero, tranquilo. Si eso pasa, solo tienes que hacer una cosa: volver a intentarlo. Seguir. Porque es parte del proceso. Cada retroceso, cada error, cada fracaso arroja información que sirve para un nuevo y mejor intento. Las caídas no son para rendirse, sino para aprender y continuar mejor que antes.

Imagina que te construyes una casita de madera con tus propias manos en pleno verano. El cielo azul y el sol resplandeciente son testigos de tu obra. Tú vas avanzando con todo el esmero del mundo, pero cuando has terminado el techo te preguntas: «¿Tendrá goteras? Parece que no, no se filtra ni un rayo de sol por el tejado, pero… no lo sé». Puedes intuir si aguantará, puedes echarle agua con una manguera o tirarle cubos y cubos de agua para comprobarlo, pero hasta que no llegue una tormenta no sabrás si tiene goteras o no. Y ese día la tormenta estará ahí para señalarte lo que aún te falta y necesitas, no para que te desanimes y tires la casa abajo.

Importa el progreso, no la perfección. Una persona que este año consiga ser disciplinada treinta días y al año siguiente suba esa cifra a cincuenta días es alguien que está mejorando.

Eso es todo lo que tienes que proponerte: mejorar. Ser un poco más disciplinado cada vez. No necesitas la perfección, solo necesitas alcanzar un nivel que te ayude a acercarte a la vida que quieras llegar a tener.

Te prometo que caer, caemos todos, pero lo importante es lo que pasa después. Y solo hay tres escenarios posibles:

1. Caes y no vuelves a levantarte. Esta opción está PROHIBIDA. Y punto.

2. Caes y vuelves a levantarte en algún momento. Está bien, es mejor que el primer escenario.

3. Caes, aprendes de la caída y te levantas lo más rápido que puedas para un nuevo intento. Esta es la ideal.

Una vez me preguntaron qué era para mí una mentalidad ganadora. Tengo el privilegio de llevar muchos años trabajando con todo tipo de deportistas profesionales, así que cuento con una respuesta clarísima para esa pregunta: la mentalidad ganadora significa, sobre todo, no hundirte cuando vienen mal dadas. Es la mentalidad de aquellos a quienes las derrotas no les restan. Es no identificarte como un perdedor ni siquiera cuando pierdes.

Es más, normalmente la mentalidad de ganador se da en una racha de derrotas, no de victorias. Recuerdo el caso de un cliente, futbolista profesional de primera división, que desarrolló su mentalidad de ganador durante los meses en los que su entrenador jamás lo sacaba a jugar. Recuerdo otro cliente,

**Las caídas no
son para rendirse,
sino para aprender
y continuar
mejor que antes.**

tenista, que desarrolló esa mentalidad en mitad de una racha de más de quince partidos seguidos perdiendo.

Las derrotas no son para llorar sino para aprender.

Mentalidad ganadora es perder un partido y permanecer imperturbable deseando que el siguiente llegue cuanto antes.

Sé así. He conocido a personas que perdían más veces de las que ganaban y, pese a ello, tenían esa mentalidad de ganador.

¿Qué dice un ganador cuando cae?

Dice: «VAMOS OTRA VEZ».

Eso es justo lo que espero de ti.

Cierre

Se acabó. Aquí terminan las 48 reglas de la disciplina. Pero, antes de dar por concluido el libro, déjame dedicarte unas últimas palabras:

La vida es maravillosa, preciosa e increíble, pero también es dura, espinosa, compleja y muchas veces dolorosa.

La vida es buena para los que la aceptan tal y como es, e increíblemente insufrible para los que no. Espero que tú seas de los primeros, porque si de verdad la aceptas tal y como es, estarás tan convencido como yo de que la vida sin disciplina es simplemente demasiado difícil. Casi imposible.

Sin disciplina estamos condenados a la subsistencia, pero con disciplina florecemos y crecemos.

No existe una alternativa a la disciplina. Todos los caminos que llevan a buen puerto pasan por ella.

Tengo dos hijos a los que veo crecer cada día, dentro de no mucho serán adultos y suelo decirles lo siguiente: «Si andáis de la mano de Dios y os hacéis personas buenas, humildes, fuertes, valientes y disciplinadas, yo viviré tranquilo porque sabré que, pase lo que pase, estaréis bien».

Y lo que quiero para los que más quiero también lo quiero para ti:

Sé bueno.
Sé humilde.
Sé fuerte.
Sé valiente.
Y, por supuesto, sé disciplinado.
Si lo consigues,
vivirás tranquilo
y con el alma llena de paz
para siempre.

Todo lo que sé sobre la disciplina ahora lo sabes tú también.

Es tu turno. Te toca mover.

Gracias por haberme dejado acompañarte.

Espero que te sirva y te ayude.

Que Dios te bendiga y te dé fuerzas en tu camino hacia la disciplina.

FUERZA Y PAZ.

JOAN GALLARDO

Agradecimientos

Gracias, Dios, por los dones y la vida.

Lecturas recomendadas

Lecturas recomendadas

Te he preparado un listado de lecturas recomendadas. Diez por categoría. No dejes nunca de leer. Que las disfrutes.

Ensayo – Filosofía

Aristóteles, *Ética a Nicómaco*, Madrid, Alianza, 2014.

Boecio, *La consolación de la filosofía*, Madrid, Alianza, 2015.

Byung-Chul Han, *La expulsión de lo distinto*, Barcelona, Herder, 2017.

Camus, Albert, *El extranjero*, Madrid, Alianza, 1999.

Montaigne, Michel de, *Los ensayos*, Barcelona, Acantilado, 2007.

Ortega y Gasset, José, *La rebelión de las masas*, Madrid, Alianza, 2014.

Pascal, Blaise, *Pensamientos*, Madrid, Alianza, 2015.

Savater, Fernando, *La aventura de pensar*, Madrid, Debate, 2008.

Séneca, *Sobre la felicidad y la brevedad de la vida*, Barcelona, Austral, 2022.

Thoreau, Henry David, *La desobediencia civil*, Madrid, Errata Naturae, 2015.

ENSAYO – DESARROLLO PERSONAL

Gallardo, Joan, *Nunca renuncies a ser feliz*, Barcelona, Grijalbo, 2022.
Gawdat, Mo, *El algoritmo de la felicidad*, Barcelona, Zenith, 2018.
Gottman, John, *Las siete reglas de oro para vivir en pareja*, Barcelona, Debolsillo, 2010.
Jorgenson, Eric, *El almanaque de Naval Ravikant*, Málaga, Baelo, 2021.
Knigge, Adolph, *De cómo tratar con las personas*, Barcelona, Arpa, 2016.
Maltz, Maxwell, *Psico-Cibernética*, Hawthorne, BN Publishing, 2014.
McKeown, Greg, *Esencialismo*, Barcelona, Conecta, 2024.
Peterson, Jordan, *12 reglas para vivir*, Barcelona, Planeta, 2018.
Pressfield, Steven, *La guerra del arte*, Nueva York, Black Irish Entertainment, 2013.
Rosenberg, Marshall, *Comunicación NoViolenta*, Barcelona, Acanto, 2016.

ENSAYO – TEOLOGÍA

Chesterton, G. K., *Ortodoxia*, Barcelona, Acantilado, 2013.
Craig, William Lane, *Fe razonable*, Salem, Kerigma, 2018.
Feser, Edward, *Cinco pruebas de la existencia de Dios*, Toledo, Cor Iesu, 2021.
Flew, Antony, *Dios existe*, Madrid, Trotta, 2013.
Keller, Tim, *Dioses que fallan*, Barcelona, Andamio, 2015.
Lewis, C. S., *Mero cristianismo*, Madrid, Rialp, 2017.
Strobel, Lee, *El caso de Cristo*, Miami, Vida, 2000.

Swinburne, Richard, *La existencia de Dios*, Salamanca, SEE, 2011.
Tolstói, Lev, *Confesión*, Barcelona, Acantilado, 2008.
Urbina, Dante, *¿Dios existe?*, Charleston, Create Space, 2016.

Novela – Relato

Delibes, Miguel, *El camino*, Barcelona, Destino, 2004.
Dickens, Charles, *Cuentos de Navidad*, Barcelona, Debolsillo, 2013.
Dostoyevski, Fiódor, *Los hermanos Karamazov*, Barcelona, Debolsillo, 2010.
Dumas, Alejandro, *El conde de Montecristo*, Barcelona, Literatura Random House, 2016.
McCarthy, Cormac, *La carretera*, Barcelona, Literatura Random House, 2007.
Rulfo, Juan, *Pedro Páramo*, Barcelona, Anagrama, 2001.
Saint-Exupéry, Antoine de, *El principito*, Barcelona, Salamandra, 2015.
Steinbeck, John, *De ratones y hombres*, Barcelona, Edhasa, 2009.
Tolstói, Lev, *La muerte de Ivan Ilich*, Madrid, Nórdica, 2019.
Wallace, David Foster, *La broma infinita*, Barcelona, Literatura Random House, 2011.

Cajón de sastre

Beevor, Antony, *El día D*, Barcelona, Crítica, 2010.
Brennan, Jason, *Contra la democracia*, Barcelona, Deusto, 2018.

Everett, Mark Oliver, *Cosas que los nietos deberían saber*, Barcelona, Blackie Books, 2009.

Kaiser, Axel, *La tiranía de la igualdad*, Barcelona, Deusto, 2017.

Lanza, Robert, *Biocentrismo*, Málaga, Sirio, 2018.

Moore, Alan, *Watchmen*, Barcelona, Norma, 2009.

Murray, Douglas, *La masa enfurecida*, Barcelona, Península, 2020.

Thoreau, Henry David, *Walden*, Madrid, Errata Naturae, 2013.

Ueland, Brenda, *Si quieres escribir*, Barcelona, Obelisco, 2000.

Wallace, David Foster, *Algo supuestamente divertido que nunca volveré a hacer*, Barcelona, 2012.

«**Para viajar lejos no hay mejor nave que un libro**».

Emily Dickinson

Gracias por tu lectura de este libro.

En **penguinlibros.club** encontrarás las mejores recomendaciones de lectura.

Únete a nuestra comunidad y viaja con nosotros.

penguinlibros.club